최상위 초등학생의 학습 설계법

공부하는 뇌를 만드는 주체적 학습 설계 방법

김일동 지음

최상위 초등학생의 학습 설계법

발 행	2024년 11월 25일
저 자	김일동
디자인	남은주
펴낸이	허필선

펴낸곳	행복한 북창고
출판등록	2021년 8월 3일(제2021-35호)
주 소	인천 부평구 원적로361 216동 1602호
전 화	010-3343-9667
이메일	pilsunheo@gmail.com
홈페이지	https://www.hbookhouse.com

판매가 | 18,000원
ISBN 979-11-976996-21-0 (03190)

* 잘못 만들어진 책은 구입하신 서점에서 교환해 드립니다.
* 본 책은 저작자의 지적 재산으로서 무단 전재와 복제를 금합니다.

> 공부하는 뇌를 만드는 주체적 학습 설계 방법

최상위 초등학생의 학습 설계법

김일동 지음

25년 경력 학원 원장이 알려주는
무조건 성적이 오르는 학습 설계 공식

스스로 공부하는 뇌로 만드는 10단계 학습 설계
부모와 아이가 함께 만드는 학습 성장 로드맵

행복한북창고

목차

프롤로그 ·· 7

1장 궁지로 내몰리는 아이들

1-1 꿈을 잃어가는 아이들 ··· 14
1-2 아버지 학교, 어머니 학교 ······································ 19
1-3 시험 성적을 올리는 마인드 세팅 ························· 25
1-4 사춘기 아이 다루는 방법 ······································· 29
1-5 반복학습 = 선행학습? ··· 33
1-6 목적의식이 있는 연습 ··· 38
1-7 완벽하려고 하는 아이에게 ···································· 44
1-8 놀이처럼 즐거워야 한다 ··· 47

2장 아이를 바꾸지 말고 환경을 바꿔라

2-1 소극적인 아이의 학습 설계 ···································· 52
2-2 적극적인 아이의 학습 설계 ···································· 54
2-3 스마트한 관리가 필요한 스마트폰 ······················ 58
2-4 사춘기 아이 환경 조성하기 ···································· 63
2-5 좋은 학원 선택 방법 ·· 66
2-6 학원 사용 설명서 ·· 74
2-7 갈등이 학습 환경에 미치는 영향 ························· 78

3장 학습 설계란?

3-1 학습 설계가 필요한 이유 ················· 84
3-2 학습에도 원칙이 필요하다 ················· 91
3-3 학습 습관과 자기 조절력 ················· 95
3-4 놀이는 학습이 될 수 없다 ················· 98
3-5 독서, 아이의 미래를 바꾸다 ················· 102

4장 초등 학습 설계 10단계

4-1 1단계 　꿈 : 꿈을 찾는 단계 ················· 106
4-2 2단계 목표 : 꿈을 목표로 만드는 단계 ················· 111
4-3 3단계 계획 : 실행 가능한 계획 세우기 ················· 114
4-4 4단계 관리 : 계획의 세부 관리와 조정 ················· 120
4-5 5단계 학습 : 학습에 익숙해지는 단계 ················· 125
4-6 6단계 환경 : 환경을 설계하는 단계 ················· 130
4-7 7단계 습관 : 학습을 습관으로 바꾸는 단계 ················· 134
4-8 8단계 성취 : 성취를 맛보는 단계 ················· 138
4-9 9단계 체화 : 학습의 깊이를 더하는 연습의 단계 ················· 144
4-10 10단계 최적화 : 성과를 극대화하는 수정의 단계 ········ 150

5장 초등 학습 설계 (심화편)

5-1 아이별 부모의 대처 자세 ·· **156**
5-2 과목별 학습시 알아둘 점 ·· **162**
5-3 혹시 나도 이런 습관이? ·· **166**
5-4 공부도 레벨이 있다 ··· **171**
5-5 시험을 보는 이유 ·· **174**
5-6 어떤 순서로 공부할까? ··· **179**
5-7 현실과 시행착오, 공부의 목적 ··· **184**

못다 한 이야기, 우리는 학습 설계자이다 ································ **187**

프롤로그

 필자는 서울에서 25년 동안 아이들을 가르쳤다. 많은 아이들이 큰 변화 없이 성적에 맞춰 대학에 진학했다. 그런데 특이한 점은 학습 태도가 좋지 않았던 아이들도 학습 태도가 완전히 바뀌면서 학업 성적은 자연스럽게 올라갔다는 것이다. 그 이유는 학습 환경이 변화했기 때문이다.

 부모가 "너 왜 숙제 안 해?"라고 묻는 이유는 뭘까? 부모가 아이에게 진정으로 원하는 것은 무엇일까? 단순히 숙제하기를 원하는 것이 아니다. 부모는 아이가 학습 습관을 기르고, 스스로 공부하여 좋은 대학에 가고, 좋은 직장을 얻기를 바란다.
 그러나 대부분의 부모는 학습 습관을 가르치지 않는다. 숙제를 하지 않는 아이에게 화를 내거나, 억지로 숙제를 시키는 데 그친다. 그런데 문제는 이런 방식으로는 공부를 잘하게 만들 수 없다는 점이다. 오히려 혼나면서 숙제를 하게 되면, 아이는 공부에서 점점 멀어지게 된다. 혼나면서 공부하는 아이들은 학년이 올라갈수록 공부에 대한 흥미를 잃게 된다. 결국, 부모의 바람과는 반대로 아이는 공부를 싫어하게 된다. 아이를 잠시 공부하게 하는 것은 아무런 효과가 없다.

 이 책은 학습 설계를 어떻게 해야 하는지를 알려주는 기본서다. 부모도 아이와 함께 공부해야 한다. 물론 수학이나 영어를 함께 공부하라는 것은 아니다. 학습 트레이너가 되기 위한 공부를 해야 한다는 얘기다. 최고의 학습 트레이너는 절대 비난하지 않는다. 선수의 최대 능력을 끌어낼 수 있도록 돕는 것이다. 최고의 트레이너는 기본을 잡아주고, 스스로 열정을 쏟게 만들어 주면서, 훈련 과정에서 잘못된 습관을 바로잡아주는 역할을 하는 것이다. 선수가 자신의 능력을 믿고 발전할 수 있도록 도와주며, 목표에 한 발씩 다가서게 해줘야 한다.

 손웅정은 손흥민에게 단순히 축구 기술만 가르치지 않았다. 그는 인내심, 성실함, 겸손함을 강조했다. 손흥민이 어린 시절부터 축구를 배울 때, 손웅정은 흥민이에게 기본적인 체력 훈련을 강조했다. 그는 하루에도 몇 시간씩 기본기를 반복하게 했고, 체력과 기본기가 뒷받침되어야 기술을 발휘할 수 있다고 가르쳤다. 손웅정은 직접 시범을 보이며, 끊임없이 격려했다. 흥민이가 좌절할 때마다 인내심을 가지고 기다려주며 다시 도전하게 만들었다. 손흥민은 아버지의 모습을 보며 동기부여를 얻었고, 자신의 목표를 향해 꾸준히 나아갈 수 있었다.

하지만 보통은 트레이너가 되기보다는 갈등 관계가 되기 쉽다. 갈등이 심해지면, 학습 환경에 부정적인 영향을 미친다. 이는 자녀가 학업에 집중하기 어렵게 만들고, 학습 동기를 떨어뜨릴 수 있다. 지속적인 갈등은 자녀의 자존감을 낮추고, 학업 성취도를 떨어뜨린다. 부모와의 갈등이 장기화되면, 아이는 스트레스를 받고 심리적으로 불안정해진다. 갈등은 학습 설계에 부정적인 영향을 미쳐, 자녀가 목표를 달성하는 데 큰 장애물이 된다.

갈등을 해결하기 위해서는 구체적인 전략이 필요하다. 첫째, 부모와 자녀가 함께 현실적인 목표를 설정해야 한다. 서로의 기대치를 조율하고, 현실적인 범위 내에서 목표를 세우는 과정이다. 둘째, 부모는 자녀의 의견을 경청하고, 자녀가 자신의 생각을 자유롭게 표현할 수 있도록 지원해야 한다. 부모가 자녀의 의견을 경청할 때, 자녀가 부모에게 신뢰를 느끼게 된다. 또한, 자신의 감정을 솔직하게 털어놓을 수 있는 환경을 조성하는 데 도움이 된다. 셋째, 갈등이 발생했을 때는 감정적으로 대응하기보다는 문제의 원인을 분석하고, 해결책을 찾는 데 집중해야 한다. 자녀가 공부에 어려움을 느낀다면, 그 원인을 파악하고 필요한 지원을 제공해야 한다. 넷째, 부모와 자녀가 정기적으로 소통하는 시간을 가져야 한다. 이는 서로의 생각과 감정을 공유하고, 갈등을 예방하는 데 도움이 된다. 마지막으로, 전문가의 도움을 받는 것도 고려할 수 있다. 가족 상담이나 심리 치료를 통해 부모와 자녀 간의 갈등을 전문적으로 다루고 해결하는 방법을 배우는 것이 유익할 수 있다.

모든 일은 속도 보다 방향이 중요하다. 학습도 마찬가지다. 급한 마음에 아이만 닦달한다고 나아지지 않는다. 체계적인 학습 설계를 통해 모든 아이는 발전할 수 있다. 필자가 생각하는 학습 설계의 최고참은 '맹모삼천지교'에 나오는 맹자의 어머니다. 나는 이들을 '학습 설계자'라고 부른다. 맹자의 어머니는 맹자에게 환경의 중요성을 깨우쳐 주었다. 부모는 이 모습을 통해 환경 설계의 중요성을 배워야 한다.

이 책은 "우리 아이만을 위한 맞춤형 설계를 할 순 없을까?"라는 질문에서 시작했다. 올바른 학습 설계를 하고자 하는 이가 책을 읽고 학습 설계를 해볼 수 있도록 구성했다.

1장에서는 현재 우리 아이들의 교육 환경과 실태를 살펴보고,
2장에서는 환경을 왜 바꿔야 하는지, 환경 설계가 왜 중요한지를 다뤘다.
3장에서는 학습 설계에 대한 구체적인 방법론을 제시하고,
4장에서는 초등 학습 설계 10단계를 설명했다.
5장에서는 학습 설계 심화 편으로, 좀 더 세밀한 학습 설계를 할 수 있도록 돕는다.

올바른 방향으로 나아가기 위해서는 기준점이 필요하다. 이 책이

초등 학습 설계의 기준점이 되기를 바란다.

사명감

필자는 25년 경력의 학원장이다. 아내와 함께 '도심 속 대안학교'를 꿈꿔 왔다. 공부를 잘하고 싶지만, 방법을 모르는 아이들을 돕고 싶었다. 두 딸을 나만의 방식으로 가르치기 위해 시작한 학원이었지만, 많은 아이들의 변화를 보며 사명감을 느꼈다.

20년 동안 서울에서 학원을 경영하던 우리 부부는 안식년을 위해 경기도 시흥 배곧신도시 전원주택으로 이사했다. 이곳에서 '강의하는 아이들' 수학 전문 학원을 열었다. 시작은 함께였지만, 이제 혼자 그 꿈을 이어가고 있다.

아내는 2022년 10월 20일에 하늘나라로 떠났다. 자궁경부암 3기 말이었던 그녀는 항암치료를 거부하고 최대한 수업을 이어갔다. 아이들이 변화하는 모습을 볼 때가 가장 행복하다는 그녀의 꿈을 이 책을 통해 체계화하기로 결심했다.

이 책은 25년 동안 두 딸을 가르치고 많은 학생을 지도하며 얻은 이론을 정리한 결과물이다.

저자 김 일 동

1-1 꿈을 잃어가는 아이들

1-2 아버지 학교, 어머니 학교

1-3 시험 성적을 올리는 마인드 세팅

1-4 사춘기 아이 다루는 방법

1-5 반복학습 = 선행학습?

1-6 목적의식이 있는 연습

1-7 완벽하려고 하는 아이에게

1-8 놀이처럼 즐거워야 한다

1장

궁지로 내몰리는 아이들

1-1 꿈을 잃어가는 아이들

초등학교 5학년 김영수의 하루 일상

학교를 마친 영수는 학교 앞에서 기다리는 학원 버스를 타고 바로 학원에 간다. 편의점에 들러 삼각김밥을 하나 먹고, 잠시 스마트폰 게임을 즐긴다. 엄마는 분식점에서 밥을 사 먹으라고 했지만, 그러면 스마트폰 게임 할 시간이 줄어든다. 이제 학원 올라갈 시간이라고 알람이 울린다. 늦으면 집으로 지각 문자가 전송되기 때문에 더 지체할 시간이 없다.

초등학교 5학년인 영수는 학원에서 수학 최상위반이라서 곧 중3 과정이 마무리된다. 수업이 잘 이해는 안 되지만, 같은 문제를 여러 번 반복하니 요령이 생겨 곧잘 한다. 수업이 끝나자마자 옆 건물에 있는 논술 학원에 가고, 끝난 후에는 집에 잠시 들러 저녁을 먹고 바로 태권도장에 간다. 사실 영수는 태권도 보다는 친구들과 축구를 하고 싶지만, 영어와 수학 학원 시간과 맞지 않아 그럴 수 없다. 집에 와 숙제를 하고 나니, 저녁 11시다. 오늘도 바쁜 하루가 끝났다.

초등학교 5학년 김영수는 가상의 인물이다. 가상의 인물이지만, 우리 아이들의 일반적인 모습이기도 하다. 과연 5학년 영수가 고등학교 때에도 공부를 잘 할 수 있을까? 재미없고 과도한 학습으로 흥미와 재미를 잃게 만들고 있는 건지도 모른다. 학습은 장기 마라톤인데, 단거리 경주처럼 하는 건 아닌지 생각해봐야 한다.

단거리 선수는 근육질 몸매를 만들어 순간적으로 폭발하듯 달린다. 하지만 마라톤 선수는 겉보기에는 볼품없어 보이지만, 근육을 최대한 빼고 몸을 가볍게 만든다. 혹시 우리는 아이가 근육이 많은 채로 장기 마라톤을 하길 원하는 것은 아닐까?

학습은 장기 마라톤이다. 중간고사를 한 번 잘 본다고 해서 큰 의미가 있는 것은 아니다. 중요한 것은 기본기를 튼튼히 다지고, 성적이 꾸준히 향상되는지 여부다. 결국 원하는 대학에 들어가는 것이 목표일 것이다. 나아가 대학 졸업 후에는 자신이 원하는 직업을 선택해 행복한 삶을 사는 모습을 꿈꿀 것이다.

학교, 학원, 가정의 무한 루프를 반복하는 아이들. 아이는 지쳐가고 부모는 남들도 다 하니, 어쩔 수 없다고 이야기한다. 학원에 다니는 이유도 다양하다. 학교 진도를 못 따라가서 학업 보충의 개념으로 다니는 아이, 좋은 대학을 보내기 위해 빠른 선행학습을 원하는 학부모, 예체능계로 보내기 위해 훈련을 쌓아가는 아이, 부모가 맞벌이라 보육의 개념으로 시간대별로 보내지는 아이, 친한 친구들이 다니니까 어울리기 위해 다니는 아이도 있다.

대부분 필요해서 다니지만, 남들이 다 다니기 때문에 학원에 다니지 않으면 뒤처질 것 같은 불안감을 떨쳐내기 위해서 다니기도 한다. 어떤 일이든 목적이 없이 지속하기는 힘들다. 우리 아이들도 마찬가지다. 왜 학교를 졸업해야 하는지, 왜 학원에 다녀야 하는지에 대한 이유를 모르면 힘들어진다. 힘든 공부를 중간에 방황이나 포기 없이 꾸준히 지속해 나갈 수 있으려면, 듣기만 해도 설레는 꿈과 목표가 있어야 한다.

꿈꾸는 방법을 짓밟는 부모

만약 유치원에서 돌아온 아이가 이렇게 얘기하면 우리는 어떻게 할까? "엄마, 나 청소부가 될래." 분명 대부분의 엄마는 좋아하지 않을 것이다. "더 좋은 직업도 많으니 다른 직업도 알아보자!" 라고 얘기할 것이다. 아이가 청소부가 되고 싶은 이유는 유치원에서 지구의 한 모퉁이를 청소하는 청소부 동화를 들었기 때문이다. 그런데 부모는 청소부가 꿈이라는 게 맘에 들지 않는다. 심지어 어떤 부모는 잘 알지도 못하면서 혼내기도 할 것이다.

아이들의 꿈은 대부분 바뀐다. 지금은 청소부가 꿈일지라도 짧게는 몇 개월, 길면 몇 년 안에 꿈은 바뀐다. 아이가 청소부가 꿈이라고 해도 성인이 돼서까지 청소부의 꿈을 가질 아이는 거의 없다. 어차피 바뀔 꿈인데, 청소부가 꿈이라고 해도 뭐라고 할 필요가 없다. 문제는 아이의 꿈이 부모의 마음에 들지 않는다고 해서 그 꿈을 막으면, 아이의 꿈이 무시된다는 점이다. 아이에게 뭐라고 하면 아이는 꿈을 바꾸는 것이 아니라, 꿈꾸는 방법을 잃어버리고 만다. 우리가 교육이라고 부르지만, 어쩌면 강요일지도 모르는 것들로 우리는 아이의 꿈을 없애고 있는지도 모른다.

부모가 원치 않는 직업을 꿈꾼다고 나무라지 말고, 아이의 생각 범위를 넓히는 방법을 알려주어야 한다. 청소부가 아닌 다른 꿈을 꾸게 하는 것이 아니라, 청소부라는 꿈을 더 넓혀주어서 더 멋진 청소부의 꿈을 꾸는 방법을 알려줘야 한다. 아이의 꿈을 키우고 더 큰 상상을 할 수 있게 하는 방법은 무엇일까?

첫 번째 방법은 책을 통해 함께 토론하는 방법이다. 책을 읽는 행동은 뇌 전반을 활성화한다. 그리고 삶에서는 겪어보지 못한 간접 경험을 통해 사고의 영역을 확장시켜준다.

두 번째는 주위에 다양한 직업을 가진 분들을 직접 만나 이야기를 나누는 방법도 있다. 각 직업의 장단점을 들어보는 시간은 좋은 체험이 된다.

세 번째 방법은 생활 속에서 다양한 직업들을 찾아보며 자녀와 장단점을 이야기하는 것이다. 은행을 다녀왔으면 은행원의 삶을, 치과를 다녀왔으면 의사 선생님의 삶을 이야기해 보는 것이다. 조금만 관심을 가져본다면 이외에도 다양한 방법을 찾을 수 있다.

자, 오늘부터 자녀와 꿈 찾기 놀이를 시작해 볼까?

1-2 아버지 학교, 어머니 학교

초등학교 때는 놀아도 돼

아빠 교육 또는 엄마 교육을 받고 자녀를 키우는 사람은 없다. 대부분은 부모 교육을 받아본 적이 없고, 아이를 키우는 것이 서툴다. 그래서 아이를 가르칠 때, 시행착오를 겪고 원하지 않는 방향과 결과를 낳는다. 아이를 가르치는 것이 얼마나 어려운지 '엄마의 정보력, 할아버지의 재력, 아빠의 무관심'이 아이가 공부를 잘하기 위한 세 가지 조건이라는 말이 있을 정도다.

아빠들 중에는 이렇게 말하는 사람이 많다. "이렇게까지 안 해도 되잖아? 초등학교 때는 놀아도 돼!" 지금의 부모가 학생이던 시절에는 그랬다. 어렸을 때는 공부를 안 하다가도 결심하고 시작하면, 성적을 올릴 수 있었다. 하지만 지금은 시대가 바뀌었다. 어렸을 때 공부를 잘했던 아빠들이 특히 이런 이야기를 많이 한다. 그러나 시대가 변했다. 엄마가 이런 이야기를 들으면 분명히 말할 것이다. "

당신은 모르면 가만히 있어요! 요즘이 어떤 세상인데?"

　요즘은 초등학교 시절 내내 놀다가 중학교에 들어가서 열심히 공부를 한다고 해도 성적이 쉽게 오르지 않는다. 다른 아이들은 그동안 놀지 않았기 때문이다. 현재 부모가 고등학교 시절에 공부하던 방식이 이제는 초등학교에까지 내려왔다. 점진적으로 실력을 키우던 다른 친구들이 중학생이 되면, 본격적으로 공부하기 시작한다. 그렇기 때문에 조금만 늦으면, 의욕만 가지고는 절대 따라잡기 힘들다. 달라진 시대임을 인정하고 받아들이는 것부터 시작해야 한다.

　필자는 학습 설계를 할 때, 부모님 두 분을 모두 모시고 상담을 진행한다. 그 이유는 아무리 좋은 방향으로 설계를 해주어도 부모님 중 한 분이라도 현재 상황을 직시하지 못하고 다른 방향으로 가이드하면, 아이가 혼란스러워하기 때문이다. 예전에는 한 반에 50~60명 되는 학생 중 10%~20% 정도만 공부를 열심히 했다. 그래서 마음만 먹으면 성적이 금방 올랐다. 하지만 지금은 한 반에 20여 명 되는 아이들이 모두가 공부를 열심히 하고, 사교육도 받는다. 모두 달리고 있는데, 걷고 있으면 따라잡을 수 없다. 현재의 아이들은 경쟁 사회에서 살아남기 위해 더욱 치열한 삶을 살고 있다는 것을 빨리 깨달아야 한다.

개선장군의 등장

　무관심했던 아빠가 공부에 참견하기 시작하는 경우는 보통 아이가 고등학생이 되었을 때이다. 대부분 첫 모의고사를 보고, 전국 등수를 알게 된 후 시작된다. 성적표를 보면 어느 정도의 대학을 갈 수 있는지가 대강 보이기 시작하니, 마음이 급해진다. 아이와 엄마에게 잔소리가 시작되고, 이제부터는 내가 통솔하고 바로잡겠다고 선언한다. 마치 개선장군이 자신의 능력을 보여줄 때가 되었다고 생각하는 것처럼 말이다.

하지만 고등학생이 되었다는 건 이미 마라톤의 중반을 달리는 것이나 마찬가지다. 큰 변수가 없다면 등수가 대략 보이고, 완주를 할 것인지 말 것인지도 보인다. 아빠의 뒤늦은 개입은 혼란만 초래할 뿐이다. 아빠는 자신만의 방법으로 아이의 공부를 관리하려고 하지만, 아이는 이미 자신만의 공부 방식을 가지고 있다. 이런 상황에서 아빠의 개입은 오히려 아이의 스트레스를 증가시키고, 엄마와의 갈등을 야기한다.

싸움을 말리라고 보냈더니 되레 싸움을 키우고 오는 격이다. 아빠의 개입은 아이에게 도움이 되지 않을 뿐만 아니라, 가족 전체의 분위기를 악화시킨다. 아이의 공부는 장기적인 계획과 지속적인 노력이 필요한데, 아빠의 즉흥적인 개입은 이런 흐름을 방해한다. 아이가 스스로 공부할 수 있도록 믿고 기다려주는 것이 더 중요하다.

학습지도사 엄마

엄마도 마찬가지다. 가장 바꾸기 힘든 아이는 엄마표 공부를 했거나, 수동적으로 학원을 오래 다녔던 아이다. 이런 아이들은 학습에 있어 불균형이 심한 경우가 대부분이다. 교원 자격증이 있는 분들도 자기 자식을 가르치기는 어려워 한다. 학습 습관을 잡아주는 것까지는 좋지만 거기까지다.

필자는 직접 아이를 일대일로 가르치거나, 같은 학년 몇 명을 모아서 가르치며 돈도 벌겠다고 생각하는 분들을 많이 만났다. 그러나 성공한 사례를 본 적이 없다. 필자도 이 점을 깨닫기까지 많은 시간과 시행착오가 있었다. 결국, 자기 자식을 가르치는 것은 어렵다는 결론을 내렸다.

아버지 학교 3가지 원칙

필자가 두 딸을 키우면서 아버지 학교를 세 번 수료한 이유는 분명하다. 아버지 학교에서 배운 것은 크게 세 가지다.

첫 번째, 아이를 어른 취급해서는 안 된다. 당연한 것을 못 한다고 혼내거나, 이제 이 정도는 할 나이라고 생각하지 말아야 한다. 당연한 것은 없다. 부모와 함께 사는 동안은 아직 배움과 가르침이 필요한 시기다. 가르친 후 아이가 말을 안 해도 서너 번 행동했다고 해서 '습관이 들었군!' 하고 멈추지 말아야 한다. 또 행하지 않았다고 해서 '말을 안 듣는군!' 하고 혼내서도 안 된다. 꾸준히 알려주고 실행할 수 있도록 도와줘야 한다. 아이가 방 정리를 할 때, 처음에는 서툴 수 있지만, 반복적으로 알려주고 도와주며 점차 익숙해지도록 해야 한다.

두 번째, 꾸준한 모범을 보이는 부모가 되어야 한다. 아이가 바르게 자랄 수 있는 가장 좋은 방법은 직접 모범을 보이는 것이다. 스마트폰 사용을 자제하라고 하면서 정작 부모가 절제를 못 한다면, 당연히 아이도 똑같이 행동한다. 가족이 함께 있는 저녁 시간에는 모두 스마트폰을 사용하지 않고, 대화에 집중하는 모습을 보여주는 것이 중요하다.

세 번째, 강요하지 말아야 한다. 강요한다는 것은 어떤 기준이 있다는 뜻이다. 그 기준은 자신의 기준일 수밖에 없다. 하지만 그 기준이 정말 옳은지는 다시 한번 생각해봐야 한다. 내 기준이 올바르지 않다면, 그 기준으로 아이에게 무엇을 하라고 하는 것도 올바르지 않을 수 있다. 아이에게 특정한 학습 방법을 강요하기보다는 다양한 방법을 시도해 보면서 아이에게 맞는 방법을 찾도록 도와주어야 한다.

이 세 가지 원칙을 지키며 아이를 교육하기 시작했다. 이 원칙 이외에 잘못하는 점이나 못마땅한 점이 있어도 좀 더 관대하게 바라보려고 노력했다. 아이 방 벽에 큰 칠판을 붙이고, 선생님 놀이를 시작했다. TV를 없애고, 대신 식사 시간을 늘리면서 대화를 많이 했다. 이런 사실을 깨닫고 나서 아내와 함께 두 딸을 유치원 때부터 고3 때까지 직접 가르치며 다른 멘토 선생님들을 곁에 두어 조화롭게 발전시키며 키울 수 있었다.

결국, 큰 틀을 잡고 아빠와 엄마의 역할이 서로 겹치지 않도록 한 방향을 바라보면서 나아가야 한다는 것이 핵심이다.

1-3 시험 성적을 올리는 마인드 세팅

시험을 분석해 보자

실력보다 시험 성적이 낮은 친구들이 있다. 여러 이유가 있겠지만, 시험이라는 제도에 부정적인 감정을 가진 경우가 많다. 이는 결과를 중시하는 한국 문화의 반영일 것이다. 시험을 보는 이유는, 내가 아는 것과 모르는 것을 구분해서 더 나은 방향으로 나아가기 위해서다. 필자도 결과의 중요성에 동감한다. 시험을 본 후에 자신이 틀린 부분이 왜 틀렸는지, 그리고 맞은 것 중엔 아리송한 부분은 없었는지 분석해서 부족한 부분을 고쳐나가야 한다. 이는 메타인지의 발전과도 관련이 있다.

시험지를 철저히 분석하고, 자신의 학습에서 부족한 부분을 확인하며, 이를 통해 앞으로의 학습 방향을 설정하는 과정은 아이의 영역이다. 부모의 역할은 아이가 끝까지 포기하지 않고 시험을 치른 것에 대해 칭찬하는 것이다. 처음부터 좋은 습관을 가지기는 쉽지 않다. 아이가 두 문제를 틀렸다면, 일단 시험 보느라 고생한 것에 대해 칭찬한 후에 함께 앉아 틀린 문제를 읽고, 어떻게 풀었는지 지켜봐야 한다. 그냥 '실수했네.'라는 말은 좋지 않다. 실수라는 말 뒤에 아이가 숨어버릴 수 있기 때문이다. 어느 부분을 어떻게, 왜 착각해서 풀었는지 써보고 말로 설명하게 해야 한다. 본인이 비슷한 문제를 만드는 '쌍둥이 문제 만들기'를 해서 풀어보는 것도 좋은 방법이다.

오답노트를 작성한 후에는 쉬는 시간과 노는 시간을 주어야 한다. 이게 습관화되어야 한다. 만약 시험이 끝난 후 시험 내용과 틀린 문제를 기억하지 못한 채로 지나간다면, 발전의 기회도 사라진다.

시험 스트레스 날려 버리기

수능 때 대각선에 앉은 학생이 다리를 심하게 떨어 집중하지 못해 시험을 망쳤다는 제자가 있었다. 이렇게 성격이 소심한 친구들도 있다. 또 다른 예로, 쉬는 시간에 화장실에 다녀왔지만, 시험 시간이 되면 소변이 마려워 집중하지 못하는 친구, 첫 문제부터 모르는 문제라 머리가 하얘져서 그 뒤 문제들을 제대로 못 푼 친구 등 여러 유형이 있다.

이런 친구들은 평소 공부할 때, 실제 시험처럼 책상에 앉아 시간을 재면서 푸는 훈련이 필요하다. 집에서 공부할 때 시험 시간과 동일하게 시간을 설정하고 문제를 푸는 연습을 하면, 실제 시험 상황에서도 덜 긴장할 수 있다. 또한, 시험 중간에 갑자기 화장실에 가고 싶어지는 상황을 대비해서 물을 적게 마시는 연습도 도움이 된다.

첫 문제에서 막혔을 때는 그 문제에 집착하지 말고, 다음 문제로 넘어가는 연습을 해야 한다. 이렇게 평소에 실전 같은 연습을 반복하면, 실제 시험에서도 비슷한 상황에 덜 당황하고 더 나은 성과를 낼 수 있다. 시험 스트레스는 실전 훈련을 통해 극복할 수 있으며, 꾸준한 연습이 성패를 좌우한다.

칭찬은 고래도 춤추게 한다

저학년일수록 '시험은 평가가 아니라 칭찬을 위한 것'이라는 생각을 해야 한다. 시험 본 당일을 저녁 식사 파티하는 날로 정하면 좋다. 파티 전에 맞힌 문제는 어떻게 맞혔는지 기본 개념을 집에 있는 칠판에 선생님처럼 설명하게 하는 것이 좋다. 아이의 기분이 좋다면 틀린 문제에 대해 충분히 설명하도록 유도하고, 잘못된 패턴을 파악해 다음번 학습 지도에 참고하도록 하자! 만약 너무 많이 틀려서 설명하기를 거부하거나 싫어한다면, 시간이 좀 지난 뒤에 문제를 옮겨 적거나 비슷한 유형의 문제를 풀어보게 하자!

이때 꼭 옆에서 어떻게 풀어나가는지 관찰이 필요하다. 잘못된 패턴이 반복되고 있을 수 있다. 잘못된 패턴 반복을 이해시켜 주면, 아이는 발전한다. 이를 전문 용어로 '발문' 작업이라 한다. 답을 알려주는 것이 아니라, 아이가 잘못 이해하고 반복하는 패턴 부분만 콕

집어서 '왜?'라는 물음을 던져주며 토론하는 것이다.

지금까지 시험에 관해 긍정적인 마인드를 갖게 하는 방법을 몇 가지 유형으로 나누어 보았다. 그러나 아이마다 기질과 개성이 다르고, 자라온 환경과 공부 습관도 다르기 때문에 이러한 유형에 맞지 않는 경우도 있을 것이다. 필자 역시 25년간 학원 원장으로서, 학습 설계자로서 아이들을 바라봤지만, 100명이면 100명 다 조금씩 다르게 학습 설계를 하게 된다.

가장 중요한 것은 우리 아이가 독립체가 되기 전까지 지속적인 관심과 사랑으로 바라보면서 조금씩 수정해 나가는 것이다. 그리고 그에 앞서 분명히 발전하고 멋진 어른으로 성장할 수 있다는 믿음이 필요하다.

1-4 사춘기 아이 다루는 방법

초등학생의 설득과 훈육의 차이

초등학교 저학년 아이가 말을 안 듣는다고 사춘기라고 말하는 부모가 있다. 이는 설득과 훈육을 잘못 이해한 학부모의 문제다. 아이의 사춘기가 시작된 것이 아니라, 부모의 권위가 떨어진 상태다.

아이가 이를 안 닦는다면, 처음엔 설명이 필요하다. 하지만 계속 다그치기만 한다면 더 닦기 싫어할 것이다. 이럴 땐 설명이 아니라, 화장실까지 손을 잡고 데려가야 한다.

아이가 어렸을 때는 엄마가 간절히 부탁하면 말을 듣는다. 하지만 클수록 아이는 "안 할래요!", "내가 알아서 할게요!"라고 말한다. 설득하면 아이는 점점 자신이 엄마보다 우위에 있고, 선택할 힘이 있다고 느낀다.

아이가 왜 해야 하는지 설명해 주는 건 좋다. 하지만 그 이후에는 설득이 아니라, 훈육을 해야 한다. 학생이면 학습, 즉 공부하는 것이 당연한 일이다. 상담하다 보면 가끔 아이가 초등학교 저학년인데, 사춘기인 것 같다는 말을 듣는다. 아이가 말을 안 듣는 것은 사춘기가 아니라, 이미 부모의 권위가 없는 상태다.

원칙 없이 무조건 토론이라는 명목으로 설득하면, 아이와 부모가 대등해지는 상황이 된다. 아이가 학습을 거부하면, 모든 걸 멈추고 아이 손을 잡고 방에 들어가 공부할 환경을 만들고 통제해야 한다. 학생의 본분이 공부라는 것은 흥정의 대상도, 설득할 일도 아니다. 당연히 해야 할 일을 토론과 설명으로 이끌려 하면, 아이는 자신이 거부할 권리와 힘이 있다고 생각한다. 권위를 세워야 한다.

권위는 상대편이 인정하고 따라야 생긴다. 때론 단호한 모습이 아이의 교육에는 필요하다. 아무런 통제를 받지 않으면, 하고 싶은 것을 즉각적으로 하는 게 본능이다. 인간이 성장하고 성숙해진다는 것은 즉각적인 욕구 충족을 참고 통제할 수 있다는 뜻이다.

사춘기 아이와 틀어진 관계 회복하기

상대편 말을 끝까지 들어주지 못해 부부 싸움을 하는 경우가 있다. 한술 더 떠 조언이라며 잘못된 점까지 이야기한다. 당연히 대화는 단절된다. 아이와도 마찬가지다. 아이가 원하는 것은 무엇일까? 아이가 간절히 원하는 것은 '내 편'이다. 그래서 사춘기에는 또래 친구 관계가 가장 중요하고 최우선이다. 정답을 원하는 것이 아니다. 그저 내 이야기를 들어주고, 공감해 주는 내 편이 필요할 뿐이다. 제발 "라떼는 말이야!"는 금지다.

누구나 착하고 말 잘 듣는 예쁜 자녀를 꿈꾼다. 하지만 아이에게 사춘기가 오면 혼란의 시기가 시작된다. 사춘기는 나쁜 것이 아니다. 나쁘게 인식해서는 안 된다. 빠르게 지나가기를 바라서도 안 된다.

사춘기는 '나, 왜 태어났지?', '내가 정말 잘하는 건 뭐지?'를 본인에게 묻는 시기다. 부모의 역할은 그 궁금증을 함께 공감하고 해결해 주는 것이다. 더 정확히 말하자면, 아이의 장래에 대해 토론할 분위기를 만들어야 한다. 하루에도 수십 번 변하는 아이의 마음을 단지 변덕스러움으로 치부하면 안 된다. 뽐내고 싶은 마음을 근거 없는 자신감이라고 말하면, 아이는 대화를 중단한다.

이미 아이와 틀어진 부모는 어떻게 시작하면 좋을까? 아이를 회사 상사라고 생각하고 대화를 시도해 보자. 상사가 듣기 싫은 소리를 한다고 "너나 잘하세요!" "잔소리하지 마세요!"라고 말할 간 큰 사람은 없을 것이다. 상대의 기분이 상하지 않게 나의 의견을 피력할 것이다. 내가 진심으로 대하면 아이도 차츰 느낀다. 처음에는 어색하겠지만, 몇 번 시도하면 아이도 응하기 시작한다. 여기에 추가로 식사 시간에는 가벼운 대화, 즐거운 대화를 하는 것이 좋다. 당연히 아이의 성적이나 생활 태도, 버릇에 대한 주제는 금물이다. 모든 식구가 다 식사를 마치면, 각자의 먹은 그릇을 치우면서 마무리하자! 모든 것에 당연한 것은 없다. 맛있는 식사를 할 수 있게 경제적, 시간적으로 노력해 주신 부모에게 감사함을 느낄 수 있도록 최소한 식탁 정리는 함께 하는 게 좋다.

권위는 잔소리로 만들어지는 것이 아니다. 어른이 모범을 보이고 일관된 행동을 하면, 아이는 따라하고 존경한다. 요리에서도 로스팅이 고기의 맛을 좌우하듯 사춘기는 빨리 시작해서 천천히 안정화하는 작업이 필요하다. 고3이 되어서 '나, 왜 태어났지?' 하고 있으면, 재수가 아니라 삼수, 사수를 해도 대학 입학은 힘들다. 실제로 많이 보는 사례다. 아이가 사춘기가 왔을 때 현명하게 대처해야 한다.

1-5 반복학습 = 선행학습?

선행학습의 개념

　선행학습은 다음 학년에 배울 내용을 미리 배우는 것이다. 미리 공부하면 도움이 된다. 그러나 무조건적인 선행학습은 부작용을 초래할 수 있다. 따라서 선행학습의 의미를 깊이 살펴봐야 한다. 선행학습의 목적은 단순히 앞으로 배울 내용을 미리 배우는 것이 아니다. 앞으로 배울 내용을 미리 접하여 학습할 내용에 대한 기억의 방을 미리 만들어주는 데 있다. 미리 접해보면, 학습할 내용에 대한 틀을 머릿속에 만들어준다. 물론 그 틀의 크기는 아이의 선지식에 의해 결정된다. 이런 개념 없이 단순히 지식을 머릿속에 구겨넣듯이 밀어 넣으면, 부작용이 생긴다.

　선행학습은 학생의 학습 능력과 성취도를 높일 수 있는 효과적인 방법이 될 수 있지만, 모든 학생에게 적합한 것은 아니다. 선행학습이 효과적일 수 있는 학생과 그렇지 않은 학생의 특징을 이해하고,

각 학생의 특성에 맞춘 적절한 학습 방법을 선택하는 것이 중요하다. 학부모와 교사는 학생의 학습 동기와 흥미, 학습 스타일, 학습 지원 환경을 고려하여 선행학습을 계획하고 실행해야 한다.

필자는 아이들을 가르치고 부모와 상담하면서 선행학습이 좋을까 나쁠까 하는 논쟁을 끊임없이 들었다. 선행학습은 좋고 나쁘다의 이분법으로 생각할 문제가 아니라고 생각한다. 선행학습은 아이의 현재 학습 역량과 자기 주도성 역량에 따라 다르다. 어떤 아이는 선행학습이 필요하고, 어떤 아이는 선행학습이 오히려 독이 된다. 선행학습을 계획할 때는 학생 개개인의 특성과 필요를 충분히 고려해야 한다. 이를 통해 선행학습의 장점을 극대화하고 부작용을 최소화할 수 있을 것이다.

선행학습이 필요한 아이

능동적인 학습 태도를 가진 아이

능동적인 학습 태도는 학습에서 매우 중요한 요소이다. 모르는 문제를 만났을 때, 아는 부분을 활용해 해결하려는 아이는 스스로 공부하는 즐거움을 느끼며 진도를 개척할 수 있다. 예를 들어 수학 문제를 풀다가 막히는 부분이 생기면, 이전에 배운 공식을 활용해 해결하려고 노력한다. 이런 경험은 학습에 대한 자신감을 키우고 지속적인 학습 동기를 부여한다.

학습 능력이 뛰어난 아이

기초 학습 능력은 매우 중요하다. 기본 개념을 잘 이해하고 있는 아이는 새로운 내용을 쉽게 받아들이고, 응용할 줄 안다. 기본적인 수학 공식을 잘 이해한 아이는 그 공식을 바탕으로 더 복잡한 문제를 해결할 수 있다. 이처럼 기초 지식은 학습의 기반이 되어, 아이가 학습에서 더 높은 성취를 이루게 만든다. 따라서 기초 학습을 철저히 다지는 것이 필요하다.

좋은 학습 환경 또한 학습의 질을 높이는 중요한 요소이다. 물리적 환경이 잘 갖춰진 아이는 더 높은 집중력을 발휘할 수 있고, 자연스럽게 학습 성과로 이어진다. 이와 함께 정서적 환경도 중요한데, 긍정적인 감정을 느끼게 해주는 칭찬과 격려는 아이의 학습 동기를 강화한다. 부모가 조용하고 편안한 학습 공간을 제공하고, 아이의 성과에 대해 긍정적인 피드백을 해준다면, 아이는 더 집중하며 효율적으로 학습할 수 있다.

목표가 명확한 아이

예전에 학원을 처음 다닌다는 예비 중학생이 겨울방학을 앞두고 입학 상담을 하러 왔다. 아이는 로봇 개발자가 꿈이라며, 스스로 코딩과 프로그래밍 언어를 공부하고 있었다. 부모님은 기초 지식이 부족할까 봐 걱정하셨지만, 필자는 이 아이가 스스로 목표를 가지고 노력하는 점을 높이 평가했다.

아이에게 수학과 물리학이 기초가 되어야 한다고 설명했고, 이를 통해 앞으로의 학습 방향을 제시했다. 기초 지식의 부족은 시간이 지나면서 채워 넣을 수 있는 부분이니, 필자는 선행학습을 권유했다. 특히 수학과 물리에서 기초를 다지면, 이후에 더 나아갈 수 있을 거라고 강조했다.

부모님께서도 처음엔 우려하셨지만, 아이의 목표와 의지를 믿고 함께 나아가는 방향을 잡아드렸다. 아이가 분명히 자신의 목표를 이루기 위해 꾸준히 노력할 것이라고 확신했다.

선행학습을 하면 안 되는 아이

이해보다 외우려는 아이

암기 중심 학습 태도는 새로운 내용을 접했을 때, 이해보다는 그냥 외우려는 아이에게서 자주 나타난다. 이런 아이는 자기 주도 학습 능력이 부족하며, 스스로 공부 계획을 세우고 목표를 설정하는 데 어려움을 겪는다. 무엇을 공부해야 할지 몰라 혼란스러워 하고, 부모나 교사의 지도가 없으면, 학습을 지속하기 어렵다. 이런 경우 선행학습을 하면 더 많은 내용과 복잡한 학습 계획을 소화하기 어려워하거나, 학습에 대한 스트레스가 커질 수 있다.

사회적 상호작용이 부족한 아이

사회적 상호작용이 부족한 아이는 질문을 하거나 자신의 생각을 명확하게 표현하지 못한다. 사회적 상호작용이 부족한 아이에게 무조건적인 선행학습은 더 큰 어려움을 겪게 할 수 있다. 친구들과 함께 학습하고 토론하는 과정을 통해 학습 내용을 이해하는 것이 중요하다.

기초 학습이 부족한 아이

기초 학습이 부족한 아이는 기초 개념을 확실히 이해하게 해 주는 것이 중요하다. 기초 학습이 부족한 학생들은 진단 평가를 통해 어떤 부분에서 어려움을 겪고 있는지 구체적으로 파악하고, 현재 수준에 맞는 단계별 학습 목표를 설정하여 하나씩 성취하면서 자신감을 키워야 한다.

부모가 고등학교 선생님인 중2 아이가 상담을 온 적이 있었다. 부모가 짜준 완벽한 시간표에서 벗어나지 못한 이 아이는 꿈이 없는 착한 딸이었다. 엄마, 아빠가 원하는 대학에 가는 것이 꿈이라는 아이에게 '꿈은 네가 이 다음에 진짜 하고 싶은 가슴 설레는 일이야!' 라는 꿈에 대한 정의부터 다시 세워줬다. 부모는 고등 선행을 원했지만, 아이는 지금 하는 것도 자기 것으로 만들지 못하는 상황이기 때문에 오히려 역효과가 나타난다. 이어져서 발전되는 지식이 아닌, 끊어진 단편적 지식 쌓기는 공부가 아니기 때문이다.

1-6 목적의식이 있는 연습

목표는 없어요

중1 유진(가명)이는 공부를 잘 하는 아이였지만, 학습에 큰 흥미를 느끼지는 못했다. 엄마가 짜준 시간표대로 공부해서 성적은 괜찮았지만, 숙제를 완벽하게 해 오는 경우는 드물었다. 부모님은 성적이 유지되었기 큰 문제로 여기지 않았다.

그러나 중학교에 진학한 후, 성적이 서서히 떨어지기 시작했다. 이 아이의 문제는 무엇일까? 그 원인은 학습 목표의 부재였다. 단순히 시간을 투자한다고 성과가 나는 것이 아니라, 학습에는 전략과 목표의식이 필요하다. 유진이는 스스로 목표를 세우지 못했고, 점점 지루함을 느끼면서 성적도 떨어졌다.

유진이에 대한 부모의 목표는 확실했지만 정작 아이 본인에겐 목표가 없었다. 부모가 자신의 목표를 일방적으로 강요하고 있었을 뿐이다. 부모의 목표를 따르려다 보니, 목표가 사라지고 자연히 의

욕도 사라지고, 학습력도 떨어졌다. 성적이 떨어지는 것은 어찌 보면 예견된 일인지도 모른다.

아이를 너무 어른 취급해서 목표가 생기기 전까지 방임하는 것도 문제고, 부모의 목표를 강요하는 것도 문제다. 이럴 때는 부모가 아닌 조력자, 즉 학습 설계자가 필요하다. 몇 차례의 세밀한 상담을 통해, 유진이가 노래를 좋아하고 체계적으로 배우기를 원한다는 사실을 알게 되었다. 나중에 안 사실인데, 이미 부모도 알고 있었으면서도 아빠의 반대로 사실상 묵살되고 있었다. 이런 상황에서는 아이의 목표를 존중하면서, 동시에 세상은 자기가 좋아하는 것만 하면서 살 수는 없다는 사실도 알려주어야 한다. 아이가 좋아하는 것과 현실적인 요구 사이에서 균형을 잡는 법을 가르쳐주는 것이 필요하다.

학습에 대해서는 많은 사람이 다양한 방식으로 설명한다. 이 중에서 노력하는 방법에 대해 잘 기술해 놓은 책이 있다. 그 책은 『1만 시간의 재발견』이다. 저자 안데르스 에릭슨은 우리가 잘 알고 있는 '1만 시간의 법칙' 이론의 창시자이자, 세계적으로 명망이 높은 심리학자이다. 책에서는 '목적의식이 있는 연습'이라는 단어가 나온다. 아기가 걸음마를 하듯이 작은 단계들을 차곡차곡 더해서 장기 목표에 도달하는 방법을 말한다. 장기 목표가 있더라도 한 번에 도달하는 것보다 최종 목표까지 여러 개의 작은 단계를 나눠 계단을 올라가듯이 지속해서 작은 목표를 성취하는 방식이 효과적이라고 설명한다. 책에서는 '목적의식 있는 연습'을 7가지 단계로 나눠서 설명하고 있다.

목적의식이 있는 연습의 7단계

1. 컴포트 존을 조금 벗어난 세분화한 목표를 정한다.
2. 목표 성공을 '심적 표상'으로 만들고, 자신이 무엇을 해야 하는지 명확하게 이해한다.
3. '심적 표상'을 넘어서는 연습을 지속한다.
4. 전문 선생님으로부터 코칭과 피드백을 받는다.
5. 특정 부분을 집중하여 개선하며, 최선의 연습 방법을 만든다.
6. 수정된 연습으로 '심적 표상'의 목표에 도달한다.
7. 다른 목표와 '심적 표상'을 설정하고, 1번부터 6번을 반복한다.

이러한 과정을 통해 『1만 시간의 재발견』은 누구나 장기간 꾸준히 노력하면 전문가가 될 수 있다고 말하고 있다.

책에 나오는 컴포트 존(Comfort zone)은 현재 안전하고 편안함을 느끼는 영역을 의미한다. 목표를 설정할 때는 너무 어려워서는 안 되지만, 너무 쉬워서도 안 된다고 한다. 목표는 컴포트 존을 약간 벗어난 정도로 현재는 도달할 수 없지만, 노력을 기울이면 도달할 수 있을 것 같은 수준이어야 한다. '심적 표상'은 어떤 활동이나 목표를 성공적으로 수행하는 자신의 모습을 머릿속에 구체적으로 그리는 것을 의미한다. 이는 목표를 명확히 하고, 그 목표를 이루기 위한 행동을 더 잘 이해하고 준비할 수 있도록 돕는다.

목표에 도달했을 때의 모습을 명확히 그려 자신에게 주지시킬 필요가 있다. 이를 위해 지속적으로 심적 표상을 연습해야 한다. 이때 올바른 코칭과 피드백이 필요하며, 연습 중 잘못된 부분을 수정하여 방향성을 개선하고 집중해야 한다. 방향성을 수정하고 재설정된 심적 표상을 목표로 삼아 연습을 통해 도달해야 한다.

다항식의 인수분해 문제를 풀 때를 생각해 보자! 학생은 시험장에서 다항식 인수분해 문제를 푸는 장면을 상상한다. 문제를 보고 차분하게 공식을 적용하여 계산하는 과정, 정답을 쓰고 만족스러운 표정을 짓는 모습 등을 구체적으로 상상하고 상상한 대로 문제를 푸는 연습을 반복하는 것이다.

목적의식이 있는 연습의 7단계 적용 학습법

목표 설정은 학습의 중요한 시작점이다. 중학생이 다항식의 인수분해 문제를 풀 수 있도록 하는 목표를 설정한다면, 다음 단계가 필요하다.

우선, 기본적인 인수분해 공식을 적용해 다양한 문제를 푼다. 이를 통해 학생들은 기초를 다질 수 있다.

두 번째로, 심적 표상을 만든다. 자신이 다항식 인수분해 문제를 쉽게 풀어서 시험에서 높은 점수를 받는 모습을 상상한다. 각 문제의 단계별 풀이 과정을 구체적으로 머릿속에 그려본다.

세 번째로, 심적 표상을 넘어서는 연습을 한다. 시각화한 모습에 도달하기 위해 기본 문제를 넘어서 점점 더 복잡한 인수분해 문제를 푼다. 예를 들어, 인수분해 공식을 다양하게 변형해서 적용해 본다.

네 번째로, 코칭과 피드백을 받는다. 수학 선생님이나 학원 선생님에게 현재 풀이 상태를 보여주고 피드백을 받는다. 선생님은 문제를 푸는 방법과 풀이 과정에서 자주 실수하는 부분을 교정해 준다. 대부분의 학생과 학부모는 앞선 세 단계를 무시하고, 네 번째 단계부터 시작하는 게 학습이라고 생각한다.

다섯 번째로, 특정 부분을 수정하고 발전시킨다. 선생님의 피드백을 바탕으로, 특정 유형의 인수분해 문제에서 실수하는 부분을 집중적으로 연습한다. 완전제곱식이나 차의 제곱 형태의 문제를 반복적으로 풀어본다.

여섯 번째로, 목표에 도달한다. 수정된 연습 방법을 통해 다양한 유형의 다항식 인수분해 문제를 정확하고 빠르게 풀 수 있게 된다.

마지막으로, 일곱 번째 단계는 다음 목표와 반복이다. 다음 목표로 이차방정식의 풀이를 설정하고, 새로운 '심적 표상'을 만든 뒤, 다시 1번부터 6번 과정을 반복하여 연습한다. 이차방정식의 근을 구하는 방법을 배우고, 다양한 이차방정식 문제를 푸는 연습을 한다.

필자는 이 학습 방법이 우리가 알아야 할 학습 방법의 거의 모든 것이라고 생각한다. 공부를 열심히 하지만 성적이 오르지 않을 때, 효과적인 학습법이다. 부모는 아이가 한 단계 발전이 필요한 컴포트 존에 있다고 느낄 때, 교육 환경을 업그레이드 해줘야 한다. 위 7단계 학습법을 통해 교육 환경을 개선할 수 있다.

1-7 완벽하려고 하는 아이에게

지윤(가명)은 정말 열심히 하는 아이다. 초등 저학년 때는 모든 경시대회에서 상장을 타오며 부모의 기대를 받았다. 그러나 초등학교 6학년이 되면서 성적이 기대만큼 오르지 않았다. 문제를 살펴보니, 지윤이는 모르는 부분이 있으면 이해가 될 때까지 다음 진도로 나가기를 거부했다. 완벽해지려는 성향 때문에 오히려 다른 아이들보다 느려 보였다. 게다가 옆 친구들은 알고 넘어가는 것 같아 자존심이 상해 질문도 하지 못했다. 언제부턴가 지윤이는 이해보다는 암기에 의존하기 시작했다. 이제 고학년이 되자, 이해 없는 암기는 한계에 다다랐다.

지윤이처럼 완벽을 추구하는 아이에게는 단계별 학습법이 필요하다.

첫째, 명확한 목표 설정이 필요하다. 목표에 도달하면, 다음으로 넘어가는 법을 알려줘야 한다. 지윤이는 목표에 도달하고도 계속

같은 부분을 학습해서 다음으로 넘어갈 수 없었다.

둘째, 심적 표상을 만들어야 한다. 지윤이가 문제를 쉽게 풀어서 높은 점수를 받는 모습을 마음속에 그리도록 했다. 목표를 시각적으로 구체화하는 방법이다.

셋째, 심적 표상을 넘어서는 연습을 해야 한다. 기본 문제를 넘어 더 복잡한 문제를 풀어보며 실력을 쌓았다. 아는 부분과 모르는 부분을 구분하게 하고, 점점 아는 부분의 퍼센트가 높아지는 것을 확인하며 칭찬해 주었다.

넷째, 코칭과 피드백이 중요하다. 지윤이는 문제 풀이 과정을 멘토에게 설명하고, 피드백을 받았다. 멘토는 실수를 교정해 주며, 다양한 문제 해결 방법을 제시했다.

다섯째, 특정 부분을 집중적으로 연습해야 한다. 멘토의 피드백을 바탕으로 반복적으로 틀리는 문제를 연습했다. 막히는 부분이 있어도 끝까지 풀 수 있도록 자신감을 심어 주었다.

지윤이는 수정된 학습 방법으로 다양한 문제를 정확하고 빠르게 풀 수 있게 되었다. 문제 풀이 시간이 짧아지고 정확해지자, 학습에 대한 자존감이 높아졌다. 새로운 목표를 설정하고, 다시 심적 표상을 만들어 연습했다. 학습 방법이 바뀌자 성과가 나오기 시작했고, 지윤이는 이전보다 더 쉽게 다음 단계로 넘어갈 수 있었다.

완벽해지려는 아이는 학습의 본질을 놓치고, 완벽함에만 집착하는 경향이 있다. 완벽을 추구하는 아이에게는 효율적인 학습 전략을 세워줄 학습 설계자의 역할이 무엇보다 중요하다. 학습 설계자는 아이의 성향과 수준에 맞는 학습 방법을 제시하고, 실질적으로 적용할 수 있도록 도와주어야 한다.

완벽을 추구하는 아이들은 종종 시간이 오래 걸리는 과제를 완벽하게 끝내느라, 다른 중요한 학습을 놓치기도 한다. 학습 설계자는 아이에게 우선순위를 정해 주고, 효율적으로 학습하는 방법을 지도한다. 학습 설계를 체계적으로 지원하는 학원은 맞춤형 학습 설계를 실행하는 데 중요한 역할을 한다. 학원은 아이에게 적합한 학습 계획을 세우고, 구체적인 목표를 설정하여 성취감을 느끼게 하며, 완벽주의에서 벗어나 학습의 균형을 맞추도록 돕는다.

완벽을 추구하는 아이는 특히 맞춤형 학습 설계와 체계적인 지도가 필요하며, 학원은 아이의 부족한 부분을 보완해 주고, 장점을 강화하는 데 중요한 역할을 할 수 있다.

1-8 놀이처럼 즐거워야 한다

요즘 공부의 최대 적은 무엇보다 스마트폰이다. 스마트폰은 마치 몸의 일부처럼 되어 버렸다. 밥을 먹을 때도, 심지어 씻을 때도 스마트폰은 항상 몸에 붙어있다. 아이들이 스마트폰에 빠져있는 가장 큰 이유는 역시 게임이다. 게임 속에는 작지만 즉각적인 보상이 있어 보상을 받기 위해 손에서 놓기가 힘들어진다. 또한 노력한 만큼 레벨이 올라가거나, 게임을 할수록 더 큰 보상이 주어진다. 그렇다면 이런 보상 체계를 학습에도 적용할 수 있지 않을까? 하루 1%씩 발전할 수 있는 작은 실천을 만들어 작은 성공을 많이 맛보게 하면 어떨까?

하루 24시간 × 60분 × (1/100) % = 14.4분

하루 1%를 시간으로 계산하면 약 15분 정도다. 책을 15분 읽었으면 독서력 1% 발전, 맨손체조를 15분 했으면 체력 1% 발전. 이런

식으로 작은 성공을 맛보게 하는 것이다. 좋은 습관을 만들어서 꾸준히 실천하며 유지하는 것이 더 중요하다. 가장 확실한 방법은 기록이다. 필자는 다이어리를 25년간 쓰고 있다. 좋은 습관을 만들고 유지하려면, 우선순위를 정해 놓고 시간 배분을 하는 것이 좋은데, 다이어리만큼 좋은 것은 없다. 한 분야에서 하루 1%씩 발전을 100일 동안 꾸준히 실천하면, 100% 발전이 되어 완전히 바뀐 나를 바라볼 수 있다. 이런 좋은 습관이 쌓이다 보면 나쁜 습관은 점점 구석으로 밀리게 된다. 하루하루 기록을 하다 보면, 쌓여가는 내공에 놀이처럼 즐겁게 할 수 있다.

1% 발전하는 행동의 근거도 필요하다. 우선 학습은 평생 하는 것이라는 개념을 제대로 이해해야 한다. 그리고 공부는 나를 위해 하는 것이라는 생각이 들도록 이끌어야 한다. 그러려면 부모가 모범을 보여야 한다. 최소한 일주일에 하루는 독서의 날로 정해 놓고, 각자의 책을 읽는 시간을 갖는 것이 좋다. 부모가 되어서도 꾸준히 학습해야 한다는 것을 몸으로 보여줘야 한다. 개인의 성장을 위한 공부가 결국 사회에서도 인정받는 길임을 깨닫게 해주어야 한다.

학습이 즐거워지려면, 학습의 과정에서 부모의 개입이 없어야 한다. 본인 스스로 선택하고 판단한 것으로 느끼게 만들어야 한다. 처음부터 끝까지 마냥 학습을 즐겁게 느끼는 아이는 없다. 당연히 놀고 싶을 것이다. 경계선을 만들어 줘야 한다. 학생의 본분은 공부이기에, 학습해야 놀 수 있다는 경계선을 만들어주는 것이다. 어느 정도의 학습을 집중해서 해냈을 때, 어느 정도의 휴식을 취할 것인지 아이와 상의하고 이해시키면서 기록하는 과정이 필요하다. 학습 계획을 기록하면 일방적인 것이 아니기에, 아이는 본인이 기록한 내용을 지키려고 노력할 것이다. 월요일부터 금요일까지 해야 할 학습을 정해놓고, 그것을 지켰을 때 주말에 그만큼 자유 시간을 주고, 못한 부분이 있다면 마친 후에 나머지 시간을 놀 수 있도록 정하는 게 좋다. 당연히 고학년으로 올라갈수록 공부 시간 배분은 조절이 필요하다.

가끔 아이들과 대화하다 '서울대학교'라는 이름을 거론하면, 아이들은 '우와~'라는 탄성을 내지른다. 필자는 그럴 때 덧붙이는 말이 있다. "너희들이 생각하는 '우와~'와 샘이 생각하는 '우와~'는 다를 수 있단다. 서울대 가기까지 힘든 공부를 멈춤 없이 해 나갈 수 있는 인내력과 끈기에 박수를 쳐주는 거란다." 그리고 속으로 생각한다. 거기에 추가로 부모님의 인내력과 끈기가 플러스 되어야 한다고. 다그치고 혼낸다고 좋은 대학을 갈 수 있는 것이 아니라는 것은 다들 안다. 아이와 부모의 흔들리지 않는 철학과 노력, 그리고 좋은 멘토가 있으면, 금상첨화다. 그 긴 시간의 마라톤을 해 나가려면, 보람과 즐거움이 있어야 한다. '피할 수 없으면 즐겨라!'라는 명언이 있다. 어차피 해야 할 일이라면 잘 해야 하고, 잘 하면 즐겁게 된다. 한번 시도해 보자!

2-1 소극적인 아이의 학습 설계
2-2 적극적인 아이의 학습 설계
2-3 스마트한 관리가 필요한 스마트폰
2-4 사춘기 아이 환경 조성하기
2-5 좋은 학원 선택 방법
2-6 학원 사용 설명서
2-7 갈등이 학습 환경에 미치는 영향

2장

아이를 바꾸지 말고 환경을 바꿔라

2-1 소극적인 아이의 학습 설계

소극적인 아이에겐 시간을 나눠주자

누구나 처음에는 아무것도 모르고 시작한다. 태어난 아기가 '응애~'를 할 때 어떠한가? '응가~'라고 해도 엄마가 틀렸다고 지적하거나 누가 바보라고 하지 않는다. 부모의 기질과 환경에 따라 아이의 성향이 변한다. 어릴 때 가졌던 다양하고 원대한 꿈이 점차 작아지고 없어진다. 올바른 답을 말했을 때만 칭찬을 받으면, 과정보다는 결과를 중시하는 습관이 생긴다. '가만히 있으면 중간이나 간다.'라는 속담처럼, 나서지 말고 겸손함을 강조하는 우리나라의 옛 풍조도 한몫 한다.

소극적인 아이들의 자기 주도 학습 능력을 개선하기 위해서는 두 가지를 실천해야 한다. 소극적인 아이는 자주 지치고 흥미를 잃기 쉬워 학습의 효율성과 지속성에 부정적인 영향을 미친다. 따라서 소극적인 아이들의 학습 능력과 흥미를 향상시키기 위해서는 다음과 같은 방법을 사용할 수 있다.

첫째, 목표를 설정한다. 결과보다 과정이 중요하다고 하지만, 과정과 결과가 모두 중요하다. 좋은 결과를 만들기 위해서는 먼저 목표 설정과 계획이 선행되어야 한다. 이는 아이들이 명확한 방향성을 가지고 학습에 임하게 하여, 목표 달성을 위한 동기부여를 제공한다. 목표가 명확하면 아이들은 성취감을 느끼고, 이는 자기 주도 학습 능력을 강화하는 데 도움이 된다.

둘째, 흥미를 유발시켜야 한다. 에너지가 약한 소극적 아이들은 금방 지치고, 흥미가 떨어진다. 공부할 과목을 1%(15분)씩 시간을 분배해서 번갈아 가며 공부할 수 있도록 한다. 예를 들어 수학 1%(15분), 영어 2%(30분), 과학 1%(15분)를 하고 10분을 쉰 다음, 다시 수학부터 반복해서 그날의 공부량을 채운다. 이렇게 짧고 집중적인 학습 시간을 통해 아이들은 지루함을 덜 느끼면서, 다양한 과목에 대한 흥미를 지속적으로 유지할 수 있다. 이는 학습의 질을 높이고, 지속적인 학습 습관을 형성하는 데 기여한다.

목표를 설정하고 흥미를 유발시키면서 학습에 임한다면, 소극적인 아이들도 자기 주도 학습 능력을 키워나가며 학습에서 더 큰 성과를 얻을 수 있을 것이다.

2-2 적극적인 아이의 학습 설계

적극적인 아이의 집중력과 학습 효율을 높이는 방법은 다음과 같다.

첫째, 집중하는 습관을 만들어 주기

짧고 집중적인 학습 세션: 에너지가 많은 아이는 긴 시간 동안 한 자리에 앉아 있는 것을 힘들어할 수 있다. 따라서 어떤 과목이든 30분 단위로 학습 시간을 설정하여 아이의 집중력을 유지하게 한다. 예를 들어, 한 과목을 30분 동안 집중해서 공부한 후에는 짧은 휴식을 취한다. 이렇게 하면 아이가 지치지 않고, 매 학습 세션마다 새로운 마음가짐으로 집중할 수 있다.

복습 시간 포함: 채점할 수 있는 과목이라면, 학습 후 바로 채점하고 틀린 문제를 15분 동안 살펴보도록 한다. 이를 통해 아이는 자신의 약점을 확인하고 보완할 수 있다. 단순히 공부하는 시간만

채우는 것이 아니라, 배운 내용을 확실히 이해하고 넘어갈 수 있다. '1% 복습'이라는 개념은 '자신이 틀린 문제를 1%라도 더 이해하자'는 의미로, 틀린 문제를 꼼꼼히 복습하는 습관을 들이는 것을 목표로 한다.

설명하기: 아이가 암기 과목을 학습할 때, 선생님이 되어 배운 내용을 설명하게 하는 방법을 활용해 보자! 이 과정을 통해 아이는 자신의 이해도를 점검할 수 있고, 설명하는 과정에서 학습 내용을 더욱 확실히 이해하게 된다. 설명하는 것은 단순히 지식을 외우는 것이 아니라, 그 지식을 응용하고 정리하는 과정을 거치기에 매우 효과적이다.

익숙해지면, 설명 영상을 촬영하여 기록으로 남기는 것도 좋은 방법이다. 영상 촬영을 통해 아이는 자신의 학습 과정을 시각적으로 확인할 수 있고, 반복해서 시청하며 부족한 부분을 보완할 수 있다. 촬영하고 시청하면서 스스로 자신의 학습 진도를 관리하고, 반복 학습을 통해 기억을 강화할 수 있다.

반복적으로 설명을 하면, 학습 내용이 머릿속에 더 오래 남고, 시험 상황에서도 더 잘 떠올릴 수 있게 한다. 따라서, 이 방법은 암기 과목뿐만 아니라, 다른 과목에도 응용할 수 있는 유용한 학습 전략이다.

둘째, 쉬는 시간을 간식 타임으로 바꿔 집중력 향상시키기

작은 보상을 설정해 보자! 아이가 60분 동안 집중해서 공부하면, 10분간 간식 타임을 제공한다. 이 짧은 보상은 아이에게 큰 동기 부여가 되어, 더 열심히 공부하도록 유도할 수 있다. 보상을 통해 아이는 목표를 달성했을 때 성취감을 느끼며, 공부에 대한 긍정적인 태도를 형성하게 된다.

다양한 간식을 준비하여 매시간 다른 간식을 제공한다면, 아이는 매번 새롭고 즐거운 기대감을 가지고 공부에 임할 수 있게 된다. 간식을 미리 식탁에 진열해 두면, 시각적으로도 보상을 인식하게 되어 더 집중력을 발휘할 가능성이 커진다. 이는 단순히 배고픔을 해결하는 것이 아니라, 학습에 대한 기대감을 높이는 역할을 한다.

활동적인 보상도 매우 효과적이다. 에너지가 많은 아이는 간식 외에도 잠깐의 신체 활동을 포함한 보상을 통해 학습 효율을 높일 수 있다. 예를 들어, 간식을 먹는 동안 스트레칭이나 가벼운 운동을 함께 한다면, 이후 학습 시간에 더 집중할 수 있을 것이다. 이는 아이가 신체 에너지를 발산하면서 정신적인 피로를 줄이는 데 도움이 된다.

이와 같은 방법을 통해 에너지가 넘치는 아이들이 그들의 특성을 긍정적으로 활용하여 집중력과 학습 효율을 높일 수 있다. 학습을 재미있고 보람차게 느끼게 하는 것이 무엇보다 중요하다.

  핵심은 아이의 부족한 점을 고치려 하기보다 잘 하는 부분을 극대화하는 것이다. 물질적 보상보다는 정신적인 성취감을 통해 아이가 동기부여를 느끼도록 환경을 조성해야 한다. 아이가 좋아하는 색상이나 테마로 학습 공간을 꾸미고, 성취를 기록하고 칭찬할 수 있는 보드판을 설치하는 것도 좋은 방법이다.
  이러한 환경 변화는 아이의 자발적인 참여를 이끌고 스스로 학습의 주인이 되게 한다. 작은 변화만으로도 아이의 학습 태도와 효율이 크게 달라질 수 있다.

2-3 스마트한 관리가 필요한 스마트폰

요즘 시대에 학습에 가장 부정적인 영향을 미치는 환경 중 하나는 스마트폰이다. 아이뿐만 아니라, 성인에게도 동일하다. 하지만 부정적인 영향이 있다고 해서 스마트폰을 무조건 사용하지 않을 수는 없는 노릇이다. 필자는 스마트폰을 사용할 때 몇 가지 원칙을 정해놓고 따른다. 이 원칙들은 주로 학습 능력을 향상시키기 위한 것이다. 필자의 스마트폰 원칙은 다음과 같다.

알림 관리

저녁 11시부터 아침 9시까지 알림을 꺼둔다. 이 시간 동안 알림을 꺼두면 수면 방해를 줄일 수 있다. 충분한 수면은 학습 능력과 집중력을 높이는 데 큰 도움이 된다.

화장실

화장실에 스마트폰을 가져가지 않는다. 화장실에서 스마트폰을 사용하면, 많은 시간을 낭비하게 된다. 화장실에서 스마트폰을 사용하지 않으면, 휴식이나 학습에 더 많은 시간을 투자할 수 있다. 작은 습관 하나를 바꾸는 것만으로도 하루가 더 길어진다.

취침

잠자리에 누울 때, 스마트폰을 사용하지 않는다. 잠자기 전에 스마트폰을 사용하면, 블루라이트로 인해 수면의 질이 떨어질 수 있다. 이 원칙을 지키면 좋은 수면 습관을 유지할 수 있고, 다음 날 학습 능력 또한 향상될 것이다.

공부 시간

공부할 때는 스마트폰을 다른 방에 두거나 꺼둔다. 공부할 때 스마트폰을 가까이 두면, 집중력이 분산될 수 있다. 스마트폰을 다른 방에 두거나 끄고 학습에 몰입할 수 있는 환경을 만든다.

SNS 관리

유튜브와 인스타그램에 매일 올리는 교육 영상과 답글 올리는 시간을 정한다. SNS 사용시간을 정해두면, 학습 시간과 휴식 시간을 명확히 구분할 수 있다. 이로 인해 스마트폰 사용시간이 자연스럽게 줄어들고 집중할 수 있는 시간이 늘어나, 효율적인 시간 관리가 가능해지고 학습 효과도 극대화된다.

우리 아이들에 맞춰 실천할 방법

식탁 앞에 규칙을 적어두고, 항상 볼 수 있도록 하는 것이 좋다. 규칙을 적어두면, 무의식적으로라도 지키려고 노력하게 된다. 작은 규칙이라도 눈에 보이는 곳에 적어두면, 생활 속에서 더 쉽게 실천할 수 있다. 이는 자제력을 기르고, 일상 속에서 규율을 준수하는 습관을 형성하는 데 도움이 된다. 가족이 함께 규칙을 지키면, 아이가 습관을 들이기 쉬워진다. 부모도 함께 규칙을 지킴으로써 좋은 습관을 기를 수 있다.

사용시간제한 설정

스마트폰 사용시간을 정해놓는 것이 중요하다. 예를 들어, 하루 1시간만 스마트폰을 사용하기로 정하면, 스마트폰 사용시간을 일주일에 총 7시간만 사용하도록 제한할 수 있다. 만약 월요일에 7시간을 다 썼다면, 그 주에는 더 이상 스마트폰을 사용하지 않는 것이 규칙이다. 주중에 사용하지 않았다면, 주말에 남은 시간을 사용할 수 있다.

스마트폰 사용시간을 미리 설정해 놓으면 중독을 예방할 수 있으며, 동시에 시간을 관리하는 습관도 기를 수 있다. 또한, 다양한 앱을 통해 시간과 요일별로 스마트폰 사용을 조절할 수 있으며, 특정 앱의 사용을 강제하는 것도 가능하다.

스마트폰 사용시간을 제한하면 의존도가 줄어들 뿐만 아니라, 그 시간에 더 중요한 활동에 집중할 수 있는 기회가 생긴다. 결과적으로 스마트폰 사용시간을 줄이고, 더 많은 시간을 생산적인 활동에 투자할 수 있게 된다.

일관된 규칙과 제한 유지

학업이나 활동에 집중할 수 있는 시간을 확보하기 위해 숙제나 할 일을 마친 후에만 스마트폰을 사용하도록 한다. 아이는 중요한 일을 우선하게 되고, 보상 효과로 자기 관리를 강화할 수 있다. 일관된 규칙은 가족 간의 신뢰를 쌓고, 모두가 공감할 수 있는 규율을 유지하는데 기여한다. 아이들은 책임감을 배우고, 자기 관리 능력이 높아진다. 또한, 규칙을 지킴으로써 자신에게 주어진 시간과 자원을 효율적으로 사용할 수 있다.

앱 필터링 및 제한 설정

특정 앱이나 콘텐츠에 대한 필터링을 설정하여 부적절한 콘텐츠에 노출되지 않도록 한다. 필터링은 안전한 인터넷 사용 환경을 조성하고, 부적절한 정보로부터 보호해 준다. 특히, 자녀들이 사용하는 경우, 부모의 관리로 건강한 콘텐츠만 접근할 수 있도록 하는 것이 중요하다. 필터링 설정은 정신적, 정서적 건강을 지키는 데 중요한 역할을 한다. 또한, 아이들이 유해한 정보로부터 보호 받고, 학습과 여가 활동에 적합한 콘텐츠만 접할 수 있다.

사용 공간 설정

스마트폰 사용을 위해 공용 공간을 정하고, 개인 공간에서는 사용을 제한하는 것이 좋다. 공용 공간에서만 스마트폰을 사용함으로써 스마트폰 사용 습관을 건강하게 유지할 수 있다. 스마트폰 사용 공간을 정하면 가족 간의 소통을 촉진하게 되고, 스마트폰 사용시간을 자연스럽게 제한하는 효과를 준다. 또한, 개인 공간에서의 스마트폰 사용을 줄이면, 수면의 질을 개선하고 집중력을 높이는 데 도움이 된다. 또한 가족 구성원 간의 유대감을 강화할 수 있고, 개인의 생활 습관을 건강하게 유지할 수 있다.

최소한의 규칙을 만들고 실천해 보자! 월요일부터 금요일까지 잘 실천하면, 주말에는 조금 풀어줘도 좋다. 다만, 풀어주는 한계도 정해놓는 것이 좋다. 스마트폰 사용시간으로 상을 주는 건 금물이다. 월요일부터 일요일까지 7시간 이내로 사용했다면, 주말엔 외식하거나 함께 놀아주는 것이 좋다. 스마트폰보다 더 재미있는 것이 있다면, 아이들은 주저 없이 선택한다. 최종적인 목표는 스마트폰보다 재미있는 것을 만들어주는 것이다. 우리 어른부터 주말엔 누워서 TV 보기나 스마트폰 만지는 것보다 다른 즐거움과 휴식 거리를 찾아보자!

2-4 사춘기 아이 환경 조성하기

　사춘기 아이들에게 친구는 매우 중요한 요소다. 이들이 어떤 친구와 어울리는지가 아이의 성장과 발전에 큰 영향을 미친다. 그러나 친구를 평가하거나 간섭하면 아이는 부모에게서 멀어질 수 있다. 친구 관계를 맺는 방법도 직접, 간접적인 교육이 필요하다.

　간접 경험은 책이나 영화를 통해 캐릭터들의 갈등과 감정, 관계 형성 방법을 보는 것이다. 부모나 어른들의 이야기를 들으면서 친구 사귀는 방법과 관계 형성의 중요성을 배울 수 있다. 반면, 직접 경험은 아이들이 함께 놀거나 학교에서 모둠 숙제에 참여하면서 서로를 이해하고 배우는 과정이다. 갈등 상황을 직접 경험하고 해결함으로써 소통과 타협의 중요성을 깨닫게 된다. 아이가 다양한 경험을 통해 친구를 사귀는 방법을 배우고, 인간관계의 중요성을 체득하는 것은 어릴 때부터 익혀야 할 중요한 과정이다.

아이들이 친구를 선택할 때, 고려해야 할 점이 있다. 건강한 관계는 상호 존중과 신뢰가 기반이 되어야 한다. 친구들과 함께 있으면서도 자기 자신을 유지하고 자신감을 가지는 것이 중요하다. 친구들이 아이의 독립성을 존중하고 지지하는지 살펴보는 것이 좋다. 또한, 부정적인 영향을 끼치는 친구를 피하는 것도 중요하다. 주말에 아이 친구들을 불러 파티를 하면서 자연스럽게 아이의 친구 관계를 파악하고 지원하는 것도 좋은 방법이다. 도덕적이고 건강한 행동과 사고방식을 가진 친구들과 어울리도록 유도해야 한다.

부모가 아이에게 의지를 자주 보여주면, 가족문화로 자리 잡게 되어서 아이의 성장 환경에도 도움이 되는 것은 물론이고, 아이가 올바른 철학을 기르는데 밑거름이 된다. 가르치지 않아도 배우게 되는 것, 문화와 환경을 만들어주는 것이 중요하다.

사회적 관계와 친구 사귀는 능력은 학습 설계에 중요한 영향을 미친다. 학교에서는 협력 학습을 통해 학생들이 그룹 활동과 프로젝트를 수행하는데, 이때 친구와의 긍정적인 관계는 협력 학습 환경에서 효과적인 학습을 돕는다. 서로 존중하고 배려하는 관계는 팀워크와 문제 해결 능력을 키우는 데 필수적이다. 학습 설계에서는 학생들이 사회적 기술을 개발할 수 있는 기회를 제공하는 것이 중요하다. 친구 관계를 통해서 아이들은 의사소통, 갈등 해결, 타협 등의 기술을 자연스럽게 배운다. 이러한 기술은 교실에서만 아니라,

평생에 걸쳐 유용하다.

또한, 긍정적인 또래 관계는 학생들에게 심리적 안정감을 제공하여 학습에 몰입할 수 있게 한다. 학습 설계 시, 학생들이 편안함을 느끼고 자유롭게 의견을 나눌 수 있는 분위기를 조성하는 것이 중요하다. 친구와의 건강한 관계는 이러한 안정감을 더욱 강화한다. 친구들은 서로에게 롤모델이 될 수 있으며, 친구의 긍정적인 행동과 학습 태도를 보면서 학생들은 이를 따라 배우게 된다. 학습 설계에서 긍정적인 모델링 기회를 제공하는 것이 중요하다.

이렇듯, 친구와의 사회적 관계는 학습 설계에서 중요한 요소로 작용하며, 학생들의 전인적 성장을 지원하는 데 필수적이다. 과도한 간섭보다는 자연스럽고 건강한 관계 형성을 통해 학습 환경을 구축하는 것이 바람직하다.

2-5 좋은 학원 선택 방법

요즘 학원을 다니지 않는 아이를 찾아보기 힘들다. 이제 학원은 아이들의 학습에 필수적인 요소이다. 어쩌면 어떤 학원을 다니는지가 학군보다 더 중요할지도 모른다. 학원에서는 학생의 학습 수준에 맞춘 수업, 효율적인 시간 관리, 다양한 학습 자료 제공, 학생 성향에 맞춘 맞춤형 교육, 그리고 학부모와의 긴밀한 소통을 제공하기 때문이다.

수요가 많은 만큼 학원의 수도 많고, 학습법과 관리법도 다양하다. 많은 학원 중에서 좋은 학원을 찾고 선택하는 것은 결코 쉬운 일이 아니다. 아무리 좋은 학원일지라도 아이에게 맞지 않을 수 있기 때문이다. 그래서 학원을 선택할 때는 좋은 학원인지 아닌지 판별할 수 있는 눈이 있어야 하고, 자신의 아이와 맞는 학원인지 파악할 수 있는 눈이 필요하다.

좋은 학원을 고르는 방법

좋은 학원의 기준은 아이나 학부모에게 잘 맞춰주는 학원이 아니라, 아이가 발전할 수 있는 학원이다. 25년 동안 수학 학원을 운영해 온 필자가 학부모에게 가장 많이 듣는 말이 있다. "우리 아이가 적응만 잘 했으면 좋겠어요." 이럴 때 질문을 바로잡아준다. '적응'이 아니라, '발전'을 바라는 것이 맞는 말이다. 적응한다는 것은 더 배울 것이 없는 편안한 상태에 머물렀다는 의미이기 때문이다.

'컴포트 존(Comfort zone)'이라는 단어는 원래 공학에서 쓰는 용어였다. 사람이 가장 쾌적하고 안락함을 느낄 수 있도록 설계한다는 의미이다. 현재는 다른 의미로 쓰인다. 앞서 얘기한 '컴포트 존을 벗어나야 한다.'라는 말의 의미는 편안함과 안락함을 추구하면 발전이 없으니, 일부러 불편한 상태를 만들어서 그것을 개선해 나감으로써 발전해 나가야 한다는 의미를 가지고 있다. 우리 아이들도 마찬가지이다. 멘토가 관찰해 80% 이상 발전이 되었다고 보여지면, 그 다음 단계로 가기 위한 발판을 만들어 줘야 한다. 그래야 다음 단계로 도약할 수 있다.

좋은 학원이란 '멘토의 역할을 할 수 있는 선생님이 있는 곳'이다. 그럼, 그런 곳을 어떻게 찾을까? 멘토의 역할을 할 수 있는 선생님이 있는 학원을 찾는 방법이 있다.

분위기 관찰 : 상담 예약을 하고 학원 입구에 들어서면 첫 인상을 살핀다. 아이들이 무질서하게 돌아다니는지, 차분히 앉아서 공부하는 분위기인지 살핀다. 학원 분위기는 학습에 큰 영향을 미친다. 차분한 분위기는 아이들이 더 집중할 수 있게 한다.

인테리어 관찰: 크고 멋지게 보이도록 돈을 많이 들인 인테리어를 보는 것이 아니라, 깔끔하게 정리정돈이 되어 있는지를 살핀다. 정리정돈 정도는 학원이 얼마나 체계적이고 관리가 잘 되는지를 보여준다.

원장과 상담: 원장과 30분 정도 상담을 통해 그들의 교육 철학이 어떤지 알아본다. 원장의 교육 철학을 느끼지 못했다면, 그 원장은 철학이 없거나, 진도만 빼는 것에 관심이 있는 사람일 수 있다. 가르치는 것은 선생님이지만, 그런 원장 밑에 좋은 멘토 역할을 해 줄 선생님이 있을 리 없다.

단기간에 성적을 올리는 방법은 정말 간단하다. 학원가에서 '양치기'라 이야기를 하는데, 시험 범위에 해당하는 많은 문제를 반복적으로 푸는 공부법이다. 중고등부 내신 위주의 학원은 대부분 양치기 학습법을 한다. 단기간 성적을 올리는 최고의 방법이기 때문이다. 하지만 시험 범위가 넓어질수록, 학년이 올라갈수록 양치기의 한계가 드러난다. 모든 문제를 외울 순 없기 때문이다. 중등 과정을 언제까지 몇 번 치러낼 수 있는지와 진도를 쭉쭉 뽑아내고 싶다는 이야기는 학생의 이해도와 능력에 상관없이 기술적으로 가능한지를 물어보는 것이다. 단순 암기가 아닌, 고차원적인 학습은 기술적인 면으로 접근하면 실패한다. 단기간 성적을 올릴 학원을 찾는 것은 좋은 학원을 찾는 기준에서 벗어난다. 필자는 아직도 짧은 시야로 학습을 바라보는 학부모와 그걸 이용하는 학원이 있다는 것이 무척 안타깝다.

아이에게 맞는 학원을 고르는 방법

아이의 학습에 있어 무엇에 관심 있어 하고, 어느 부분을 자신 없어 하는지, 그 자신 없어 하는 부분을 어떤 식으로 이끌어 결국 자기 주도적인 아이로 만들 수 있을지 상담해야 한다. 그리고 부족한 부분을 이 학원에서 채워줄 수 있는지를 알아봐야 한다. 올바른 질문을 해야 좋은 답변이 나올 수 있다. 과목의 특성에 따라 따져봐야 할 사항들이 많지만, 일반적으로 제대로 된 학원을 찾는 방법을 알아보자.

단과학원, 종합학원

단과학원은 특정 과목을 깊이 있게 공부할 수 있도록 돕기 때문에 성적 향상에 매우 효과적이다. 특히 단과학원은 한 과목에 집중해 전문적으로 가르치기 때문에 학생들이 그 과목에서 높은 성취를 이룰 가능성이 크다. 또한, 단과학원에서는 필요한 과목에만 시간을 투자할 수 있어 시간 관리가 효율적이고, 학생의 개별적인 학습 필요에 맞춘 맞춤형 교육이 가능하다.

반면, 종합학원은 여러 과목을 종합적으로 가르치기 때문에 학부모들이 여러 학원을 오가야 하는 번거로움을 덜어줄 수 있다. 하지만 종합학원은 여러 과목을 한꺼번에 가르치다 보니, 각 과목에 대한 깊이 있는 학습이 부족할 수 있다. 학생이 특정 과목에서 어려움을 겪을 때, 종합학원은 한 과목에 충분한 시간을 할애하지 못할 수 있다. 또한, 종합학원은 모든 과목을 고르게 학습하려다 보니, 학생의 개별 학습 필요를 충분히 반영하지 못할 가능성이 있다.

결론적으로, 단과학원은 특정 과목의 성적 향상에 집중하고 싶은 학생에게 더 적합하다. 종합학원은 여러 과목을 균형 있게 학습하고 싶은 학생과 학부모에게 번거로움을 덜어줄 수 있는 선택이 될 수 있다. 그러나 학습의 깊이와 효율성을 고려할 때, 단과학원이 더 나은 선택일 수 있다. 아이의 학습 목표와 필요에 따라 적합한 학원을 선택하는 것이 중요하다.

〈구체적으로 질문하기 예시〉

"성적 향상을 위해 어떤 프로그램을 운영하시나요?"
"어떤 교육 철학이 있고, 교육에 어떻게 적용하시나요?"
"학생의 학습 필요에 맞춘 맞춤형 교육이 가능합니까?"
"부족한 부분이 있어 어려움을 겪는 아이에게 무엇을 추가적으로 해 주실 수 있나요?

능동성을 가르치는 학원.

좋은 학원은 학생이 학원을 그만둔 후에도 스스로 공부할 수 있는 토대를 만들어 준다. 예를 들어, 중학교 때 다닌 영어 학원에서 받은 문법 정리 노트를 이후에도 활용할 수 있다면, 이는 정말로 자기만의 자습서가 될 것이다. 학생이 학습 내용을 정리하고, 지속해서 복습할 수 있도록 도와주는 학원이 좋다. 한 권을 풀더라도 영어 문제집이나 개념서를 반복 학습할 수 있도록 지도해 주는 학원을 선택해야 한다. 또한, 개별 맞춤 학습 계획을 제공해야 한다. 학생 각자의 학습 수준과 속도에 맞춘 학습 계획을 제공하는 학원이 좋다. 이는 학생의 강점과 약점을 파악하고, 이에 맞춘 학습 전략을 세운다는 의미이기 때문이다.

〈구체적으로 질문하기 예시〉

"학생들이 스스로 학습할 수 있도록 어떤 방식으로 코칭하시나요?"

"수업 자료나 노트는 어떻게 제공하나요? 학생이 학원을 그만둔 후에도 활용할 수 있도록 구성되어 있나요?"

"학습 내용을 지속해서 복습할 수 있도록 어떤 지원을 제공하나요?"

"학생 개개인의 학습 수준에 맞춘 개별 학습 계획을 제공하나요?"

"학생의 학습 진행 상황을 어떤 방식으로 평가하고 피드백을 주나요?"

기존 학원에서 새로운 학원을 선택 시

학원을 자주 바꾸면 기존 학원에서 사용하던 교재나 진도가 중간에 끊길 수 있다. 이는 학습의 연속성을 방해할 수 있다. 새로운 학원에서 사용하는 교재의 난이도나 수업 방식이 다를 가능성이 높기 때문에 학습의 비효율이 발생할 수 있다. 학원을 옮길 때는 기존 학습의 연속성을 유지할 수 있는지 고려해야 한다.

<구체적으로 질문하기 예시>

"학생이 중간에 진도를 맞출 수 있도록 어떤 지원을 제공하나요?"
"학생들이 잘 적응할 수 있도록 어떻게 도와주시나요?"
"기존 학습 내용을 이어갈 수 있도록 별도의 프로그램이나 보충 수업이 있나요?"
"학생의 학습 진도를 어떻게 평가하고 피드백을 주시나요?"
"새로운 환경에 학생이 적응할 수 있도록 구체적으로 어떤 도움을 주시나요?"

자체 교재

학원이 체계적으로 교재와 자료를 제공하는지 확인해야 한다. 프린트물이나 여러 교재를 짜깁기한 자료로 만든 교재인지, 시중에서 판매 중인 교재로만 쓰고 있는지, 자체 교재가 있는지, 자체 교재가 있다면 퀄리티는 어떤지 등을 물어봐야 한다.

〈구체적으로 질문하기 예시〉

"학원에서 사용하는 교재는 어떤 종류인가요?"

"자체 교재가 있나요? 있다면 교재 샘플을 볼 수 있을까요?"

"자체 교재는 어떻게 제작하셨나요? (예: 전문가 참여 여부, 업데이트 빈도 등)"

"교재 외에 추가로 제공되는 학습 자료가 있나요?"

"교재와 학습 자료의 품질을 보장하기 위해 어떤 절차를 거치나요?"

학문과 공부는 '자세'와 '환경'에 의해 결정된다. 배우려는 올바른 자세를 갖추고, 공부할 수 있는 환경에서 좋은 멘토를 만나 배우고 익히는 것이 바로 학습이다. 쉽고 빠르게 갈 수 있는 치트 키는 없기에 학문은 마라톤과 같이 꾸준함과 인내, 성실함을 요구한다. 철학이 깃들어 있는 학원, 올바른 철학을 가진 학원을 찾는 학부모가 많아졌으면 좋겠다.

2-6 학원 사용 설명서

　학원을 선택한 후에는 그 학원을 어떻게 최대한 활용할 수 있을지 고민해야 한다. 학원의 자원을 효과적으로 활용하는 방식에 따라 아이의 학습 효과는 크게 달라질 수 있다.
　우선, 학원의 커리큘럼과 아이의 학습 스타일이 잘 맞는지 파악하는 것이 중요하다. 학원에서 제공하는 자료와 수업 방식을 충분히 이해하고, 이를 집에서도 보완할 방법을 찾아야 한다. 학원의 추가 학습 자료나 문제 풀이를 적극적으로 활용하고, 아이가 스스로 복습할 수 있는 환경을 마련해 주어야 한다.

　학원과의 소통도 매우 중요하다. 아이가 학습 과정에서 어려움을 겪을 때는 학원 선생님과 적극적으로 상담하고, 필요한 조언이나 피드백을 받아야 한다. 학습 성과는 단순히 학원에 맡기는 것이 아니라, 부모가 학원과 협력하여 아이의 학습 과정을 지속적으로 관리하고 점검하는 데서 비롯된다.

학원의 시험 대비 프로그램이나 특별 수업 등을 잘 활용하는 것도 중요하다. 학원이 제공하는 모든 자원을 충분히 활용해, 아이의 성장을 꾸준히 지원할 수 있어야 한다. 학원을 선택한 후에도 아이의 상태를 계속 체크하고, 학습 환경을 꾸준히 점검하면서 학원의 자원을 최대로 활용하는 것이 학습 성과를 높이는 핵심이다

입학 테스트

초등 입학 테스트에서 점수만으로 판단하고 반을 구성하는 것은 의미가 없다. 레벨보다는 아이의 분석이 중요하다. 아이가 어떤 부분을 잘 하고 어떤 부분에서 부족한지를 분석한 뒤, 적절한 자료를 제공해야 한다. 그리고 부족한 부분을 어떻게 채울지 상담할 수 있어야 한다.

"성적을 올려줄 수 있느냐?"는 질문은 의미가 없다. 어떤 학원이 성적을 올려주지 않겠다고 말하겠는가? 중요한 것은 아이가 꾸준히 공부할 수 있도록 도와주는지, 부족한 부분을 어떻게 보완해 줄지를 물어보는 것이다. 성적만을 중시하는 학원은 피하는 것이 좋다.

숙제 할 때 별표 치는 습관

문제를 보자마자 별표를 치는 습관은 바람직하지 않다. 아이가 숙제에서 별표를 치기 시작하면, 평소보다 숙제를 더 빨리 끝낸다. 그러면 부모는 숙제가 너무 빨리 끝났다고 학원에 더 많은 숙제를 요청한다. 그 결과 아이는 더 많은 별표를 치게 되고, 악순환이 계속된

다. 공부는 모르는 부분을 알아가는 과정이다. 모르는 문제라도 어디까지 알고, 어느 부분을 모르는지 분석하며 공부하는 습관이 중요하다. 별표를 치는 습관이 생기면 이러한 과정을 소홀히 하게 되고, 학습의 본질을 놓치게 된다. 부모는 아이가 모르는 문제를 체크하고, 그 부분을 선생님께 질문하도록 도와야 한다. 부모와 아이가 함께 학습의 본질을 유지해 나가야 한다.

학원에 가기 전에 숙제하는 습관

학원가기 전에 하는 숙제는 검사를 받기 위한 숙제, 혼나지 않기 위한 숙제가 되어 버린다. 숙제하는 목적은 학원에 가기 전에 무엇을 물어봐야 할지, 어떤 점을 질문해야 할지를 미리 점검하는 데 있다. 숙제는 배운 날, 바로 하는 것이 가장 좋다. 그날 배운 내용을 복습하면서 자연스럽게 숙제를 할 수 있고, 시간적인 여유가 있어 숙제의 질도 달라진다. '그날 공부한 내용은 그날 복습한다'는 습관만 길러져도 성적은 상위권에 오를 수 있다.

무조건 좋은 학원은 없다. 다른 아이들이 성공적으로 다녔던 학원이라도, 우리 아이에게 맞지 않을 수 있다. 모든 결정은 아이의 상황과 기질을 중심으로 이루어져야 한다. 학원을 선택한 후에도 계속해서 아이의 상태를 주시하고, 변화에 따라 필요한 조치를 해야 한다. 학원을 아이의 자기 주도 학습을 위해 도움을 받을 수 있는 곳으로 인식해야 한다. 요즘 학원들은 상향 평준화되어 있어 잘 가르치는 것은 당연하다. 중요한 것은 아이의 자기 주도 학습 능력을 키워줄 수 있는 학원인지 살펴보는 것이다.

2-7 갈등이 학습 환경에 미치는 영향

　모든 부모는 아이의 건강을 최우선으로 여긴다. 그러나 아이가 성장하면서 생기는 욕구와 욕망은 자연스러운 것이다. 이 욕구를 슬기롭게 풀어나가는 것이 중요하다. 부모와 자녀의 관계는 시간이 지남에 따라 복잡해진다. 자녀가 자신의 욕망과 꿈을 형성하면서 갈등이 자주 발생한다.

　자녀의 독립성과 부모의 기대가 충돌하면 갈등이 심해진다. 부모는 자녀가 바르게 자라길 바라는데, 자녀는 자신의 방식대로 살아가길 원한다. 중요한 것은 서로의 입장을 이해하고, 적절한 타협점을 찾는 것이다. 부모는 자녀가 독립적으로 성장할 수 있도록 지원하고, 자녀는 부모의 조언을 존중하는 태도가 필요하다.

　부모와 자녀 간의 갈등은 다양한 이유로 발생한다. 가장 흔한 원인은 가치관과 생각의 차이다. 부모는 공부를 중요하게 생각하지만, 자녀는 다른 분야에 관심을 가질 수 있다. 또 다른 원인은 욕심의 차이이다. 부모와 자녀는 서로 다른 욕심을 가질 수 있다. 예를 들어, 부모는 자녀가 명문대에 진학하기를 바라지만, 자녀는 다른 꿈을 이루고 싶어 할 수 있다. 의사소통 부족도 갈등의 원인이 될 수 있다. 부모는 자녀의 행동을 걱정하지만, 자녀는 부모의 기대에 부담을 느낄 수 있다.

갈등이 심해지면 학습 환경에 부정적인 영향을 미친다. 자녀가 학업에 집중하기 어렵게 만들고, 학습 동기를 저하시킬 수 있다. 지속적인 갈등은 자녀의 자존감을 낮추고, 학업 성취도를 떨어뜨린다. 부모와의 갈등이 길어지면 아이는 스트레스를 받고, 심리적인 불안정 상태에 빠질 수 있다.

갈등을 해결하기 위해서는 구체적인 전략이 필요하다.
첫째, 부모와 자녀가 함께 현실적인 목표를 설정해야 한다. 서로의 기대치를 조율하고, 현실적인 범위 내에서 목표를 세우는 과정을 포함한다.
둘째, 부모는 자녀의 의견을 경청하고, 자녀가 자신의 생각을 자유롭게 표현할 수 있도록 지원해야 한다. 이는 자녀가 부모에게 신뢰를 느끼고, 자신의 감정을 솔직하게 털어놓을 수 있는 환경을 조성하는 데 도움이 된다.
셋째, 갈등이 발생했을 때는 감정적으로 대응하기보다는 문제의 원인을 분석하고, 해결책을 찾는 데 집중해야 한다. 자녀가 공부에 어려움을 느낀다면, 그 원인을 파악하고, 필요한 지원을 제공하는 것이 필요하다.

넷째, 부모와 자녀가 정기적으로 소통하는 시간을 가져야 한다. 소통은 서로의 생각과 감정을 공유하고, 갈등을 예방하는 데 도움이 된다.

마지막으로, 전문가의 도움을 받는 것도 고려할 수 있다. 가족 상담이나 심리 치료를 통해 부모와 자녀 간의 갈등을 전문적으로 다루고, 해결 방법을 배울 수 있다. 이는 부모와 자녀가 서로의 감정을 더 깊이 이해하고, 갈등을 보다 효과적으로 해결하는 데 도움이 된다.

부모로서 아이의 성장을 지켜보는 일은 때로 어렵고 고된 과정이지만, 포기하지 않고 꾸준히 지원해야 한다. 아이들이 올바르게 자랄 수 있도록, 부모는 지속적인 관심과 노력을 기울여야 한다. 자녀 또한 시간이 지나면서 부모의 이러한 노력을 이해하고 감사함을 느끼게 될 것이다. 부모와 자녀 모두가 서로를 이해하고 존중하는 관계를 형성할 때, 건강하고 긍정적인 성장이 가능하다.

3-1 학습 설계가 필요한 이유
3-2 학습에도 원칙이 필요하다
3-3 학습 습관과 자기 조절력
3-4 놀이는 학습이 될 수 없다
3-5 독서, 아이의 미래를 바꾸다

3장

학습 설계란?

3-1 학습 설계가 필요한 이유

필자에게는 가슴으로 낳은 두 딸이 있다. 두 아이를 키우면서 다른 아이들보다 더 많은 것을 해주려고 노력했다. 아이들뿐만 아니라, 나를 돌아보는 노력도 많이 했고, 자기검열도 엄격했다. 아이들이 어렸을 때, 비슷한 또래 자녀를 둔 네 가정이 모여 한 달에 한 번씩 체험학습을 했고, 교육도 부모끼리 번갈아 가며 시켰다. 그러나 우리 부부는 이것만으로 만족할 수 없었다. 큰딸이 초등학생이 되었을 때, 학원을 차려 직접 가르치기로 결심했다.

우리는 가난했다. 월세 40만 원짜리 방 한 칸에서 네 식구가 살았다. 이천만 원으로 서울에서 학원을 차리기는 쉽지 않았다. 어느 날 행운이 찾아왔다. 초등학교 선생님으로 발령을 받으신 원장님이 싸게 학원을 내놓았다. 금액도 이천만 원에 맞춰 주겠다고 했다. 간신히 허가가 나는 규모였지만, 서울이고 바로 앞에 초등학교가 있었다. 다음 날 바로 계약했다. 아내와 함께 큰 딸을 포함한 원생을 열심히 가르쳤다. 노란 봉고차로 하원 시키며, 마냥 행복했다. 큰딸이 초등학생일 때는 초등 전문 학원, 중학생일 때는 초중등 학원, 고등학생일 때는 입시 학원으로 변모했다.

아이의 성향과 환경에 맞춘 학습 설계를 시작했다. 아이 방 벽에 칠판을 붙여 선생님 놀이를 했다. 학원에서는 토론형 하브루타 수업을 지향했다. 둘째 딸은 서울교대를 졸업해 현재 서울 소재 초등학교에서 담임 선생님으로 일하고 있다. 첫째 딸도 강남에서 프리랜서 웹디자이너로 성공적으로 활동 중이다. 이 결과는 나와 아내의 맞춤형 학습 설계 덕분이라고 생각한다.

딸 둘을 키우며 20년 동안 아이들을 직접 가르치면서 학습 설계의 중요성을 뼈저리게 느꼈다. 아직 어린 아이들, 혼자서 모든 것을 할 수 없는 아이들이 바른 학습의 길을 걷게 하려면, 부모가 어떤 시스템을 만들었는지가 중요하다. 어떤 이들은 아이가 공부를 못해도 괜찮다고 말한다. 하지만 필자의 생각은 다르다. 처음에는 공부 못해도 착하게 자라면 된다고 하다가도 학년이 높아질수록 성적이 떨어지는 아이를 나무라는 모습을 많이 보았기 때문이다.

물론 아이가 어렸을 때는 학업 성적이 좋지 않아도 괜찮을 수 있다. 하지만 수년이 지나도 아이의 성적이 계속 좋지 않으면, 걱정하기 시작한다. 그때는 이미 늦었을지도 모른다. 아이가 공부를 못해도 괜찮다는 생각을 끝까지 유지하지 못할 거라면, 차라리 아이가 공부를 잘했으면 좋겠다는 생각을 솔직하게 표현하는 것이 나을 수 있다. 괜찮지 않음을 인정하고, 적극적인 방법을 찾는 것이 부모와 아이 모두에게 도움이 된다. 모든 성과는 시작점이 있어야 한다. 공부를 잘하고 좋은 성적을 거두기 위해서는 처음부터 학습에 대한 노력이 필요하고 체계적인 관리가 필요하다.

필자는 최고의 학습 설계자는 맹자의 어머니라고 생각한다. 아이는 부모가 아는 만큼 발전한다. 의사 집안에서 의사가, 변호사 집안에서 변호사가 나올 확률이 높은 이유는 유전자가 아니다. 어려서부터 보아온 환경의 영향이 크기 때문이다. 부모의 행동과 말에서 큰 영향을 받고, 이미 그 직업에 익숙해졌을 것이다. 아이는 부모의 뒷모습을 보고 자란다는 말처럼 말이다. 부모가 원하는 방향으로 아이의 미래를 만들 수 있을까? 나는 80% 이상 가능하다고 본다. 학습 설계를 통해 환경을 조성하면, 아이의 미래를 바꿀 수 있다. 구체적인 방법을 몰라서 실천하지 못할 뿐이다.

과거에는 IQ가 높으면 공부를 잘한다고 생각했다. 그러나 이제는 IQ가 학습과 성적에 큰 영향을 미치지 않는다는 사실이 밝혀졌다. 공부를 잘하기 위해서는 효과적인 학습 방법이 중요하다. 학습에는 메타인지를 높이는 것이 필요하다. 메타인지는 자신을 바라보는 또 하나의 눈이다. 이는 자신이 아는 것과 모르는 것을 구분하고, 자신을 객관적으로 바라보는 능력이다. 메타인지는 길러질 수 있다. 공부를 잘하는 것도 잘 설계된 학습 계획에 의해 달성된다.

학습은 배우고 익히는 것을 의미한다. 학습을 위해서는 무엇을 배울지, 어떻게 배울지, 어떤 모습이 되고 싶은지 결정해야 한다. 학습의 목적과 최종 목표를 정하는 것부터 시작해야 한다. 학습 설계는 크게 세 단계로 나눌 수 있다. 첫 번째 단계는 꿈을 찾는 것이다. 두 번째 단계는 공부를 학습으로 연결하는 것이다. 세 번째 단계는 발전을 위해 수정해 나가는 것이다. 이를 하나씩 살펴보자.

1단계: 꿈 찾기

학습 설계의 첫 출발은 아이의 꿈을 찾아주는 것이다. 처음부터 확실한 특기가 정해진 아이는 드물다. 아이가 진정으로 좋아하는 것을 알고 잘 하도록 도와야 한다. 부모가 좋아 보이는 것이 아닌, 아이가 어떤 행위를 할 때 즐거워하는지 유심히 지켜봐야 한다. 책이나 인터넷, 체험학습을 통해 다양한 경험을 하게 하자! 다양한 경험은 자신에게 맞고, 좋아하는 일이 무엇인지 알려준다. 흥미와 열정을 보이는 일을 해야, 지치지 않고 성장하며 발전할 수 있다.

2단계: 공부를 학습으로

꿈이 정해졌다면, 공부를 학습으로 연결하는 단계가 필요하다. 단순히 열심히만 하는 공부는 지속하기 어렵고, 학습의 편식이 생긴다. 실천을 위해 구체적인 계획이 필요하다. 어린아이가 계획을 세울 때는 일주일 단위로 계획을 세우는 것이 좋다. 월간이나 연간 계획은 자신의 미래를 그릴 수 있어야 하는데, 아직 그런 모습을 그릴 만큼 성장하지 않았기 때문이다. 우선, 월요일부터 금요일까지의 계획표를 전주 일요일 오후에 짠다. 하루 계획의 우선순위는 학교 숙제와 학원 숙제다. 숙제를 언제 할지도 중요하다. 숙제는 복습이므로 최대한 빨리 하는 것이 기억에 도움이 된다. 따라서 숙제는 당일에 해야 한다. 숙제를 당일에 하는 습관은 초등학생 시절을 넘어 평생 유지할 수 있는 좋은 습관이다. 그리고 예습은 목차를 보는 정도로 충분하다. 이 두 가지 습관만 잡혀도, 중학교 때 상위권을 유지할 수 있다.

3단계: 수정과 보완

발전을 위해선 학습 방법을 단계적으로 수정하는 과정이 필요하다. 계획대로 실행하다 보면, 지루해지고 발전이 더뎌질 수 있다. 이때는 변화를 주는 것이 도움이 된다. 학원이나 과외 선생님을 바꾸어 환경에 변화를 주는 것도 좋지만, 정확한 원인을 파악하지 않고 실행하면, 효과가 떨어질 수 있다. 환경 변화는 최후의 수단으로 선택해야 한다.

아이의 학습을 꾸준히 지속하기 위해서는 무엇보다 아이의 강한 의지와 부모의 변함없는 믿음이 중요하다. 부모가 아이의 노력과 성장을 믿고 꾸준히 응원해 줄 때, 아이는 어려움이 있더라도 포기하지 않,고 목표를 향해 나아갈 힘을 얻는다. 아이가 작은 목표를 성취했을 때 부모가 진심으로 칭찬해주고 격려한다면, 성취감과 자신감을 얻게 되어 학습에 더 적극적으로 임할 수 있다. 작은 성공의 경험이 쌓이면서 자신의 학습 능력에 대한 긍정적인 태도를 갖게 되고, 점차 더 큰 목표를 향해 도전하게 된다.

반면, 부모가 아이의 학습 과정에서 불안해하거나 일관성 없는 태도를 보이면, 아이는 부모의 감정을 예민하게 감지하고 불안해질 수 있다. 부모가 아이의 성적에 지나치게 조바심을 내거나 학습 계획을 자주 바꾸는 모습을 보이면, 아이도 자신의 학습에 대해 불안감을 느낀다. 부모는 일관된 태도로 아이를 지지하고, 학습에 필요한 지원을 지속해서 제공해야 한다. 올바른 공부 습관과 학습 태도가 잘 형성되었다면, 아이의 성적이나 목표 변화에 대해 크게 걱정할 필요가 없다. 아이가 스스로 계획을 세우고 학습을 주도적으로 해나가는 능력을 갖추었다면, 도중에 다른 꿈이 생기더라도 이는 오히려 긍정적인 변화가 될 수 있다.

학습 설계는 아이가 주도적으로 성장할 수 있는 발판을 마련하는 중요한 과정이다. 부모가 아이와 함께 학습 계획을 세우고, 목표를 설정하며, 필요한 환경을 만들어주는 과정 자체가 아이의 성장에 큰 영향을 미친다. 아이가 스스로 목표를 찾고, 그 목표를 이루기 위해 노력하는 과정에서 자아 존중감과 학습에 대한 긍정적인 태도를 가지면, 그 경험은 평생의 자산이 된다. 아이의 미래를 위해 부모가 먼저 학습 설계의 중요성을 이해하고, 이를 실천하려고 노력해야 한다.

3-2 학습에도 원칙이 필요하다

학습 원칙을 세우는 첫 출발은 관찰을 통한 특기 찾아주기이다. 아이는 자신이 잘 한다고 느끼는 것을 좋아한다. 잘 한다는 것은 인정 욕구와 관계가 있기 때문이다. 하지만 처음부터 잘 하는 아이는 드물다. 대부분의 아이는 자신이 무엇을 잘 하는지 모른다. 그렇다고 실망하거나 다그칠 필요는 없다. 부모는 아이의 행동과 태도를 관찰하며, 잘하는 것을 찾아 응원해 주어야 한다. 아래의 네 가지 학습 원칙을 관찰하며, 아이가 잘 하는 것을 찾아보자!

첫째, 그날 과제는 그날 끝내기

중고등학교 때는 과목마다 과제가 있다. 어떤 아이는 과제가 있어도 어렵지 않게 하고, 어떤 아이는 항상 과제를 늦게 마친다. 과제를 어렵지 않게 하는 아이는 보통 과제가 나온 당일에 끝낸다. 반대로 과제를 어려워하는 아이는 최대한 미뤄 제출 전날 저녁에 한다. 이는 학습에 대한 태도와 직결되며, 학습 성과와도 연결된다. 그래서 아이가 과제를 언제 하는지 보면, 성적을 어느 정도 알 수 있다.

　문제는 이런 습관이 하루아침에 만들어지지 않는다는 점이다. 중고등학교 때 과제를 미리 하는 습관을 들이려면, 초등학교 때부터 시작해야 한다. 초등학교에서 과제가 있다면, 부모의 도움이 필요하다. 당일 배운 내용을 복습하지 못하더라도 최소한 과제는 끝내야 한다. 과제를 하면서 배운 내용을 복습하면, 기억을 높이는 데 도움이 된다. 뿐만 아니라, 예습도 겸할 수 있다. 아이는 누구나 처음에는 '주말에 해야지!'라고 미룰 것이다. 이때 부모가 아이에게 과제를 왜 먼저 해야 하는지를 알려주고, 과제를 하는지 안 하는지 확인해서 주말에는 밀린 공부나 휴식을 취하는 습관을 만들어 주어야 한다.

둘째, 주요 과목의 중요성

　아이가 배우는 과목은 많지만, 그중에서도 국어, 영어, 수학, 과학의 중요성은 말할 필요가 없다. 이 네 과목은 다른 암기 과목과 달리 단기간에 성적을 올리기 어렵다. 고학년이 되어 기초가 부족하면, 더 많은 시간이 필요하다. 그래서 저학년일 때 주말이나 방학을 이용해 최대한 보충해야 한다. 특히 수학은 대학 입시에 중요하다. STEAM형 수학은 과학, 기술, 공학, 예술이 결합한 수학이다. 현대는 창의융합형 인재를 원하는 시대이다. 수학을 공부하는 이유는 문제 해결력을 키우기 위해서이다. 문제를 해결한 성공 경험이 문제 해결력을 높인다. 성공 경험이 없는 사람은 자신감이 부족하다. 성공 경험은 문제 해결력과 메타인지를 높인다.

세째, 부모의 역할

부모는 아이가 호기심을 가지고 질문할 때, 어떻게 반응하는가에 따라 아이의 학습에 중요한 영향을 미친다. 부모는 아는 한도 내에서 최대한 알려주려고 노력해야 한다. 더 나아가 아이가 호기심을 느끼는 대상을 직접 찾아볼 수 있도록 도와주면 좋다. 책이나 인터넷을 통해 스스로 궁금한 점을 해결하는 과정을 경험하게 하자! 만족감을 느끼고 설명까지 할 수 있다면, 금상첨화이다. 알고 있는 것과 모르는 것을 구분하는 능력이 메타인지이다. 메타인지는 후천적으로 훈련에 의해 발전할 수 있다. 메타인지를 키우는 훈련과 환경을 만들어보자!

네째, 꾸준함의 힘

꾸준한 학습은 단기 성취보다 장기 성과에 더 큰 영향을 미친다. 아이에게 꾸준히 공부하는 습관을 길러주는 것이 중요하다. 매일 일정한 시간에 공부하는 루틴을 만들면, 학습에 대한 저항감이 줄어들고, 자연스럽게 공부에 몰입할 수 있다. 처음에는 짧은 시간으로 시작해서 점차 시간을 늘려가는 방식이 효과적이다. 또한, 공부하는 장소도 일정하게 유지하는 것이 좋다. 아이가 편안하게 공부할 수 있는 환경을 조성하고, 방해 요소를 최소화해야 한다.

부모는 아이가 꾸준히 학습할 수 있도록 긍정적 강화와 응원을 해주는 것이 중요하다. 작은 성취에도 칭찬과 격려를 아끼지 말아야 하며, 어려움을 겪을 때는 지지와 격려를 보내야 한다. 꾸준함의 중요성을 이해하고 실천할 수 있도록 돕는 것이 부모의 역할이다.

꾸준함은 학업 성취에만 국한되지 않는다. 아이가 미래의 도전 과제에 맞서 끈기와 인내를 가지고 나아갈 수 있는 힘을 기르는 데도 도움이 된다. 꾸준히 노력하는 과정에서 아이는 자부심을 느끼고, 작은 성공들이 모여 큰 성과로 이어지는 경험을 통해 자기 효능감을 높일 수 있다. 끊임없이 노력하는 자만이 성취를 얻는 법이다. 꾸준함 속에서 아이의 가능성은 꽃피우게 된다.

3-3 학습 습관과 자기 조절력

초등학교 아이는 아직 자기 조절력을 발휘하거나 이성적 판단을 하기 어렵다. 전두엽이 아직 충분히 발달하지 않았기 때문이다. 전두엽은 보통 12세부터 17세까지 청소년기에 가장 왕성하게 발달한다. 이 시기에는 전두엽의 구조, 신경 네트워크, 시냅스 형태, 세포와 신경 세포의 숫자가 거의 새롭게 태어나는 것처럼 전반적으로 변화한다

전두엽 성장에 중대한 영향을 미치는 것은 5세에서 12세까지의 경험이다. 이 시기에 의미 있는 경험의 기억을 가진 신경 세포와 신경회로만이 살아남고, 쓸모없었던 신경회로나 신경세포는 12세에 사라지기 때문이다. 그래서 부모가 초등학교 아이를 볼 때, 해야 할 일은 안 하고 놀기만 한다며, 이를 잘못된 행동이라고 여길 수 있다. 그러나 초등학생은 본래 그럴 수밖에 없는 단계에 있는 것이다. 이 시기에 놀면서 다양한 좋은 경험을 많이 쌓은 아이가 12세 이후

전두엽이 발달하면서 멋진 어른으로 성장할 수 있는 것이다. 따라서 초등학생에게 올바른 자극과 좋은 경험을 쌓게 하는 데 있어 부모의 태도가 매우 중요하다.

초등학생에게는 잘 하는 것보다 다양한 경험과 자극을 통해 과제를 받아들이고 해결하는 능력을 기르도록 돕는 것이 필요하다. 이 과정에서 자기 조절력이 자연스럽게 길러질 수 있도록 환경을 조성하는 것도 부모의 몫이다.

능동적이고 자율적인 아이로 성장하려면 부모는 아이에게 권한을 넘겨야 한다. 아이가 스스로 판단하고 행동에 대한 책임을 지는 경험이 중요하기 때문이다. 부모가 지속해서 지시하고 간섭하면, 아이는 주체적인 경험을 할 기회를 잃는다. 책임감을 가지기 위해서는 권한이 반드시 필요하다. 권한을 부여받은 아이는 자신의 행동에 대한 책임을 자연스럽게 지고, 이 과정에서 주도성과 자기 조절력이 길러진다.

부모가 권한을 넘겨준다는 의미는 아이를 존중하고 토론을 통해 의견을 나누며, 아이가 스스로 자기 생각을 말하도록 돕는 것을 의미한다. 아이가 생각한 해결책이 잘못되었을지라도, 그 해결책을 실천해 보도록 기회를 주어야 한다. 이 과정에서 아이는 주도성을 키우고, 결과가 좋지 않더라도 배움을 얻는다. 반대로 부모가 해결책을 제시하고 이를 따르게 한다면, 아이는 스스로 문제를 해결할 기회를 놓친다.

자기 조절력은 문제를 해결하는 과정에서 실패를 경험하며 길러진다. 실패하거나 잘못했을 때 부모의 간섭이 줄어들면, 아이는 스스로 잘못을 수정한다. 이 과정에서 무엇이 잘못되었는지 생각해 보고, 다음 번에 비슷한 상황이 발생하면, 이전과 다르게 행동을 조절한다. 그러나 부모가 지나치게 간섭하여 잔소리나 체벌로 아이의 생각과 변화를 막으면, 아이는 똑같은 실수와 잘못을 반복한다. 부모의 간섭은 문제를 해결하기보다 단순히 미루는 결과를 낳는다. 주도적인 부모 뒤에는 수동적인 아이가, 자율적인 부모 뒤에는 주도적인 아이가 생기는 이유가 여기에 있다.

3-4 놀이는 학습이 될 수 없다

6세 이전의 놀이 교육은 아이들의 호기심과 창의성을 자극하는 중요한 단계다. 이후에는 놀이와 학습을 구분해야 한다. 아이가 주도하는 학습 외에 어른이 만든 틀에 맞춘 놀이 학습은 효과적이지 않을 수 있다. 따라서 아이가 학습할 때는 학습에 집중하고, 놀 때는 놀이에 집중하도록 구분하는 것이 중요하다.

놀이식 교육의 한계

교육의 다른 말이 학습(學習)이다. '배울 학'과 '익힐 습'이 합쳐진 말이다. 배우기 위해서는 자기 것으로 만드는 습득의 시간이 필요하다. 초등 과정이 시작되면서 학습이 시작되는데, 놀이식 교육에는 한계가 있다. 7세 이후에도 놀이식 교육을 계속하면, 힘든 것은 피하려는 습관이 생길 수 있다. 좋은 면만 보여주면, 어려움을 견디는 힘이 약해질 수 있다. 즐거운 것만 공부하고, 힘든 건 안 해도 된다고 생각하게 된다. 결국 자기 주도 학습이 아니라, 부모 주도 학습이 되고 만다.

놀이와 학습의 구분을 명확히 하려면, 시간과 장소를 분리해야 한다. 아이가 학습하는 시간에는 조용하고 방해받지 않는 공간에서 집중할 수 있도록 하고, 놀이 시간에는 자유롭게 놀 수 있는 공간을 제공하는 것이 좋다. 공간을 분리함으로써 아이는 각 활동에 몰입할 수 있으며, 학습과 놀이 모두에서 최대의 효과를 얻을 수 있다.

존중이 창의력을 기른다

그럼 놀이는 어떻게 해야 할까? 잘 노는 아이가 뛰어난 아이로 자란다. 창의성을 길러주며, 노는 방법을 알아보자! 놀이식 교육은 아이마다 기질이 다르므로 교사의 적절한 개입과 통제가 필요하다. 자유롭게 교육한다는 명목으로 방임할 수 있는 여지가 있기에 교사와 학부모의 역할이 중요하다. 교사와 부모는 아이들의 반응에 민감하게 반응하고, 아이들의 발달 수준을 이해해서 그에 적합한 자극을 주어야 한다. 교사와 부모의 주관이나 의견을 배제하고, 아이들의 의견을 충분히 들어주는 것으로 호응하며 끌어내야 한다.

창의성을 기르기 위해서는 놀이와 학습이 모두 중요하다. 예를 들어, 블록 놀이를 통해 아이들이 스스로 구조물을 설계하고 만들어 보는 활동은 창의성을 자극할 수 있다. 교사는 아이들이 어려움을 느낄 때 적절한 도움을 주고, 아이들의 시도를 존중하며 격려하는 역할을 한다.

자존감이 높은 아이가 공부도 잘한다

성공적인 학습을 위해서는 단순히 많은 시간을 투자하는 것보다 효과적인 방법과 올바른 태도가 중요하다. 바이올린을 배운다면, 지도를 받는 시간보다 개인 연습에 더 많은 시간을 할애해야 한다. 그래야 다음 진도를 무리 없이 나갈 수 있고, 발전할 수 있다. 무작정 오랜 시간 배우는 것만으로는 실력이 늘지 않는다. 물론 배우지 않은 친구들보다는 어느 정도 나아질 수 있다. 하지만 곧 한계에 부딪힌다.

중요한 핵심은 새로운 것을 배우는 것을 즐기는 학습 태도, 자신이 할 수 있다고 믿는 공부 자존감, 어려워도 끝까지 해보려는 마음가짐이다. 전략 없이 부모의 감으로 자녀에게 공부법을 강요하면 위험하다. 본인에게 효과적이라고 생각했던 공부법이 우리 아이에게는 맞지 않을 수 있다. 유튜브에 나오는 다양한 공부법도 마찬가지이다. 한 가지 답은 없다. 우리 아이에게 적용해보고 그 중에서 가장 잘 맞는 것을 찾아야 한다.

자기 주도 학습을 위해 부모는 아이의 학습 환경을 조성하는 데 주력해야 한다. 예를 들어, 아이가 스스로 학습 목표를 설정하게 하고, 이를 달성할 수 있도록 도와주어야 한다. 또한, 학습 과정에서 겪는 어려움을 극복할 수 있도록 지속적인 격려와 지원을 아끼지 말아야 한다.

이처럼 놀이와 학습의 구분, 교사의 역할, 그리고 자기 주도 학습을 위한 환경 조성은 아이들의 학습 태도와 성취에 큰 영향을 미친다. 이를 통해 아이들은 학습에 대한 긍정적인 태도를 가질 수 있고, 더 나아가 창의력과 자존감을 키울 수 있다.

3-5 독서, 아이의 미래를 바꾸다

초등학생은 집중하기 힘들 수 있다. 그럴 땐 독서로 두뇌를 예열하고, 다른 과목으로 넘어가자! 자기 전에도 독서나 그림일기 쓰기 등 차분한 일로 마무리하자! 하지만 초등학생이 독서를 알아서 한다는 것은 결코 쉬운 일이 아니다. 그래서 좀 더 쉬운 방법으로 아이가 독서를 좋아하게 만들어 주면 좋다.

아이에게 독서를 좋아하게 만드는 방법의 하나는 자신이 원하는 책을 읽게 하는 것이다. 주말에 가족 모두 대형서점에 가서 아이가 좋아하는 책을 고르게 하자! 책을 고르기 전에 다양한 장르를 충분히 보고 선택하도록 시간을 주자! 그림책이나 만화책은 되도록 삼가는 것이 좋다. 아이가 보고 싶어 한다면, 일반 책 두 권을 더 고르게 한 다음에, 그림책이나 만화책 한 권을 고르게 한다. 이 규칙을 염두에 두고 부모는 아이가 자유롭게 고르게 한다.

또 다른 방법은 도서관에 가는 것이다. 아이가 책을 읽다가 '이건

소장하고 싶다'라는 책이 있으면, 그때 그 책을 구매해 주는 것이 좋다. 자신이 선택한 책이기 때문에 애착을 가지고 읽을 것이다. 초등학교 때 암기 과목은 독서만으로도 충분히 배경 지식을 쌓을 수 있다. 다양한 장르의 책을 접하게 해주는 것이 좋다.

책을 읽는 과정에서도 몇 가지 방법을 활용하면 좋다. 아이와 함께 책을 읽고 이야기를 나누자! 책 속의 인물에 대해 이야기하거나, 책의 결말에 대해 토론해 보자! 이런 활동은 아이의 사고력과 상상력을 키워주며, 책 읽는 재미를 더해 줄 것이다.

아이가 책을 읽으면서 궁금해하는 내용이 있으면, 함께 찾아보자! 아이가 책을 통해 새로운 지식을 습득하고, 그 지식을 실생활에 적용해 보도록 도와주자! 독서는 아이의 전반적인 학습 능력을 향상시키는 중요한 도구가 될 수 있다.

마지막으로, 부모도 아이와 함께 독서하는 모습을 보여주는 것이 좋다. 아이는 부모의 행동을 따라 하기 마련이다. 부모가 독서하는 모습을 자주 보여주면, 아이도 자연스럽게 독서에 흥미를 갖게 된다. 가족 모두가 함께 독서하는 시간을 가지며, 책을 통해 소통하고 함께 성장하자! 독서는 아이의 학습 능력을 높이는 데 큰 도움이 될 뿐만 아니라, 평생에 걸쳐 즐길 수 있는 소중한 취미가 될 것이다.

4-1 1단계　꿈 : 꿈을 찾는 단계

4-2 2단계 목표 : 꿈을 목표로 만드는 단계

4-3 3단계 계획 : 실행 가능한 계획 세우기

4-4 4단계 관리 : 계획의 세부 관리와 조정

4-5 5단계 학습 : 학습에 익숙해지는 단계

4-6 6단계 환경 : 환경을 설계하는 단계

4-7 7단계 습관 : 학습을 습관으로 바꾸는 단계

4-8 8단계 성취 : 성취를 맛보는 단계

4-9 9단계 체화 : 학습의 깊이를 더하는 연습의 단계

4-10 10단계 최적화 : 성과를 극대화하는 수정의 단계

4장

초등 학습 설계 10단계

4-1 1단계 꿈
: 꿈을 찾는 단계

    CBS '김현정의 뉴스쇼'에서 암 투병을 딛고 명문대에 합격한 이현우 군(19)의 인터뷰를 보았다. 이현우 학생은 EBS에서 2023년도 꿈 장학생 우수 학생으로 선발되었다. 그는 고3이던 지난해 1월 이하선암 4기를 진단 받았다. 2021년, 동생이 백혈병에 걸리자 혹시나 해서 받은 건강검진에서 암을 발견한 것이다. 병원에서는 '수술해도 안면 근육을 쓰지 못할 확률이 70% 이상'이라는 말을 들었다는 이현우 학생은, "공부가 손에 잡히지 않았다. 내가 앞으로 어떻게 살아가게 될지 몰랐었다"라고 말했다.

    다행히 수술은 잘 마쳤지만, 방사선 치료 후유증이 컸다. 시도 때도 없이 코피가 났고, 피부도 약해져서 밥을 먹는 것조차 쉽지 않았다. 그럼에도 불구하고, 이현우 군은 하루 13시간씩 공부에 몰두했다. 그 결과 문과 전교 1등으로 졸업했고, 서울대 역사학부에 합격했다. 그는 "수술을 하고 병원에 오래 누워 있는 동안 힘든 환자들이 많다는 것을 알게 되었다. 그때 나는 서러운 사람들의 이야기까지 기록하는 역사학자가 되고 싶었다."고 말했다.

　이현우 군이 어려운 상황에서도 꿈을 포기하지 않고 학업에 열중할 수 있었던 이유는 무엇일까? 그는 이렇게 대답했다.
　"저는 항상 두 가지를 이야기합니다. 사람과 희망입니다. 나에게는 우선 가족들이 있었고, 힘든 상황에서도 씩씩하게 치료받는 동생도 있었고, 무엇 보다 선생님들께서 정말 많이 도와주셨습니다. 학교 선생님들과 친구들, 모두 큰 힘이 되었습니다. 이렇게 많은 사람들한테 서포트를 받는 상황에서 내가 이 공부를 어떻게 해야 하는지 이미 1, 2학년 때 겪어서 알고 있었고, 뚜렷한 목표가 있었기에 가능했습니다. 내가 이겨내면 더 멋진 사람이 될 것이라는 확신이 있었습니다. 저는 지친 것과 힘든 것은 다르다고 생각합니다. 육체적 정신적으로 무척 지쳤지만, 나아갈 길이 보였고, 그 길을 가니까 힘들지 않았습니다. 물론 힘든 순간도 중간중간 있었지만, 그때마다 (목표를 생각하며)힘을 많이 냈던 것 같습니다."

　아이들이 왜 꿈을 가져야 할까? 그 이유는 간단하다. 이현우 군의 사례에서도 볼 수 있듯이, 아무리 힘들어도 계속할 힘을 주기 때문이다. 이현우 군이 암 투병 중에도 13시간을 공부하도록 했듯이 말이다. 인터뷰 중 그는 "저는 운이 좋은 케이스입니다. 이렇게 하면, 여기까지 나갈 수 있겠다는 길이 보였습니다."라고 했다. 그렇다. 꿈은 '방향'이고 '목적'이며, '길'이다.

우리 아이는 어떤 꿈을 가지고 있을까? 만약 아직 꿈이 없다면, 이제부터 함께 찾아보아야 한다. 아이가 어떤 활동에 관심을 보이는지, 어떤 주제에 대해 자주 이야기하는지 잘 관찰하고 들어주는 태도가 필요하다. 다음은 아이의 꿈을 찾는 데 도움이 될 몇 가지 방법이다.

아는 만큼 보인다

아직 꿈이 없다는 것은 두 가지 중 하나이다. 자신에 대한 인식이 부족하거나, 꿈이 있지만 이루기에 자신이 없어 말하기 싫은 경우이다. 자신에 대한 인식이 부족할 때는 부모의 개입이 필요하다. 아이의 취향과 능력을 발견할 수 있도록 다양한 경험을 제공하는 것이 중요하다. 미술 수업에 참여해 본 후에 그림 그리기에 흥미를 느끼는지, 스포츠 활동을 통해 어떤 운동을 좋아하는지 알아보는 것도 좋은 방법이다. 꿈의 크기는 바라볼 수 있는 크기와 같다. 부모는 아이가 더 큰 것을 바라보고 상상할 수 있도록 도와주어 아이가 선택할 수 있는 꿈의 크기를 키워 주어야 한다. 직업에 관련된 책, 유튜브의 좋은 강연, 관심 분야의 직업을 가진 지인과의 만남 등 다양한 체험을 통해 자신의 능력을 파악하게 해 주자!

잘 해야 좋아진다

아이의 자아감을 키우기 위해서는 부모는 긍정적인 피드백을 주고 아이가 자신을 탐색하는 시간을 가지게 해야 한다. 부모의 기준에 못 미치는 이야기를 한다고 말을 자르면 안 된다. 아이가 하는 말을 자르거나 무시하면, 아이는 곧 입을 닫아 버리고 좋아하는 것이 있어도 숨기거나 없다고 한다.

부모는 자신의 생각을 주입하거나 판단하지 말아야 한다. 이는 아이에게서 즐거움을 빼앗는 행위다. 아이가 신나서 이야기할 수 있는 분위기를 조성해 주자! 좋아하는 것과 잘 하는 것이 다르다고 걱정할 필요는 없다. 잘 하면 자연히 좋아하게 된다.

꿈이 자주 바뀐다면?

꿈이 바뀌거나 다양하다는 것이 나쁜 것은 아니다. 하지만 자신의 강점을 모른 채 흥미 위주로 겉핥기만 하면 시간 낭비이다. 이럴 때는 온라인 진로심리검사를 해 보는 것도 좋다. 아래 사이트에서 무료로 진로심리검사를 해 볼 수 있다.

주니어커리어넷 (www.career.go.kr/jr/) ▷ 나를 알아 보아요.
커리어넷 (www.career.go.kr) ▷ 진로심리검사
서울진로진학정보센터 (www.jinhak.or.kr) ▷ 진로종합검사

부모는 흔히 꿈과 직업을 혼동하곤 한다. 대통령, 과학자, 경찰, 소방관 등은 꿈이 아니라, 직업이다. 꿈은 '명사'가 아니라, '형용사'이어야 한다. 감정이 담겨 있어야 한다. 그 문장을 들으면 '설렘'이 있어야 한다. '나는 아이들의 진로와 꿈을 설계해 주는 초등학교

선생님이 될 거야.'와 같이 아이가 하고 싶은 직업을 말한다면, 왜 그 일을 하고 싶은지, 그 직업을 통해 무엇을 원하는지 구체적으로 물어보자! 아이는 구체적으로 대답하면서 자신이 되고 싶은 직업을 통해 어떤 일을 하는지 생각하면서 감정을 담아 구체적인 모습을 그려 보게 될 것이다. 꿈은 무엇이든 소중하다. 꿈은 미래를 그리는 작업이기 때문이다. 이현우 군의 사례에서 보듯이, 꿈은 힘든 상황에서도 계속할 수 있는 동기와 방향을 제공한다. 꿈은 단어가 아니라, 감정이 담긴 문장이 되어야 한다.

예전에 한 학부모가 고민 상담을 한 적이 있었다. 아이가 축구를 너무 좋아하는데, 본인이 보기에는 재능이 없어 보인다고 했다. 무엇 보다 그로 인해서 공부를 소홀히 할까 봐 걱정이 된다고 했다. 필자가 보기에는 큰일이 아니었다. 그보다 아이의 꿈을 학부모가 짓밟지는 않을까 걱정되었다. 꿈은 삶의 원동력이 되고 앞으로 나아갈 힘을 준다. 아이가 축구를 좋아한다고 반드시 축구선수가 될 필요는 없다. 감독, 코치, 에이전트, 해설가 등 여러 파생 직업들이 있다. 심지어 축구 중계 유튜버가 될 수도 있다. 학교 공부에 소홀하지 않으면서 무언가에 몰입하는 경험을 하는 것은 좋은 일이다. 몰입의 경험이 있어야 꿈을 지속할 수 있다.

꿈은 장거리 마라톤이기 때문에 꾸준함과 지속성이 필요하다. 좋아하는 것을 찾았으면, 잘 할 수 있도록 환경을 조성해 주고 격려하면서, 더 나아가 몰입할 수 있게 도와줘야 한다.

4-2
2단계 목표
: 꿈을 목표로 만드는 단계

　서울대 역사학부에 합격한 이현우(19)의 이야기를 더 살펴보자! 그는 하루 13시간씩 공부에 몰두했다. 현우에게는 "서러운 사람들의 이야기를 기록하는 역사학자가 되고 싶다"는 꿈이 있었다. 그 꿈을 실현하기 위해 흔들리지 않고 꾸준히 노력한 결과, 서울대에 진학할 수 있었다.

　많은 사람들이 단순히 열심히만 하면 좋은 결과가 있을 것이라고 생각하지만, 실제로는 올바른 방법과 계획이 없다면, 아무리 노력해도 성과를 거두기 어렵다. 성공적인 목표 달성을 위해서는 무엇보다 목표를 명확하게 세우고, 이를 구체적이고 계량화하는 것이 중요하다.

　서울대 역사학부 합격과 같은 구체적인 목표를 설정하면, 목표를 실현하기 위해 어떤 노력이 필요한지 명확해진다. '매일 13시간씩 공부하기'라는 구체적인 목표는 실천을 평가하고, 성과를 측정하기 쉽게 만들어 준다. 또한, 중간고사와 기말고사, 모의고사 등 주요 시험마다 성적 목표를 설정하고, 그에 맞는 학습 전략을 수립할 수 있게 된다. 이렇게 하면 목표를 단계별로 실현할 수 있는 세부 지표들이 생기고, 이를 실천하면서 성취감을 느낄 수 있다.

대학 진학을 목표로 한다면, 고등학교 성적뿐만 아니라, 중학교나 초등학교 시절부터의 학습 태도와 성과도 중요한 영향을 미친다. 목표를 세분화하고, 지금 당장 실천할 수 있는 작은 목표부터 하나씩 이루어 나가야 한다. 목표 설정이 완벽해야 할 필요는 없다. 작은 목표라도 지금 당장 세우고 실천해 나가는 것이 중요하다.

초등학생이나 중학생에게는 부모가 목표 설정을 돕고, 장기적인 비전을 제시해 주는 것이 필요하다. 아이가 성인이 되었을 때 어떤 모습이 되고 싶은지, 어떤 일을 하고 싶은지를 상상해보도록 유도하는 것도 좋은 방법이다. 부모는 본인의 경험을 바탕으로 전공 선택이나 진로 계획에 대해 진솔하게 이야기해 주고, 대학교 축제나 강연에 함께 참여해서 아이에게 더 넓은 세상을 경험할 기회를 제공할 수 있다.

아이의 생각이 성장하고 더 넓은 세상을 알게 되면서 목표도 변할 수 있다. 이는 긍정적인 신호이므로 걱정할 필요가 없다. 하지만 아이가 자신의 목표에 대해 자부심이나 설렘을 느끼지 못한다면, 부모가 전공이나 진로에 대해 진지한 이야기를 나누고, 아이의 관심

사를 이해하는 시간을 가지는 것이 좋다.

　아이와 함께 대학의 학과 정보나 졸업 후 진로를 조사해 보는 것도 도움이 된다. 학과 홈페이지를 통해 다양한 정보를 얻고, 관련 분야에 종사하는 선배들의 강연 영상을 보면서 함께 토론해 보자! 이런 경험은 아이가 자신의 꿈과 목표를 설정하는 데 있어 큰 도움이 될 것이다.

　이번 주말에는 가족과 함께 아이의 목표를 세우고, 이를 실천할 수 있는 계획을 세워보자! 작은 목표라도 세우고 실천해 보는 경험이 아이의 성장에 큰 밑거름이 될 것이다.

4-3
3단계 계획
: 실행 가능한 계획 세우기

해마다 연초가 되면 많은 사람들이 헬스장에 등록하지만, 꾸준히 다니는 사람은 극히 적다. 대부분은 초반에 몇 번 다니다가 그만두는 경우가 많다. 학생들의 학습도 마찬가지다. 계획을 세워도 쉽게 지키지 못하고 포기하는 경우가 많다. 그렇다면 왜 계획은 세우기 쉬운데, 실행은 이렇게 어려운 걸까?

계획을 실행하지 못하는 이유는 다양하다. 첫째, 너무 완벽한 결과를 기대하기 때문이다. 계획대로 되지 않으면 '난 역시 안 돼!'라며 쉽게 좌절하고 포기해 버리는 것이다. 둘째, 새로운 시작에 대한 부담감 때문이다. 우리는 익숙한 일상에서 벗어나기 보다는 안전하고 편안한 컴포트 존(Comfort Zone)에 머물기를 선호한다. 이는 마치 산을 오르다가 중간에 쉬면서 만족하거나, 정상까지 올라가야 한다는 부담감에 시도조차 하지 않는 것과 같다.

계획을 실행하지 못하고 중도에 포기하는 사람들에게 필요한 것은 작은 실행이다. 이와 관련된 대표적인 예가 라이트 형제와 랭글리 박사의 일화다. 라이트 형제는 여러 번의 실험을 통해 실패할 때마다 계획을 수정했다. 반면에 동시대에 비행을 시도했던 랭글리 박사는 실패하지 않도록 철저한 계획을 세우고 다음 단계로 넘어가려고 했다. 실행은 하지 않고 계획을 세우는 데 치중했던 것이다. 결국 랭글리 박사의 비행기는 날지 못했다. 하지만 실행을 통해 계속해서 계획을 수정한 라이트 형제의 비행기는 하늘로 날아올랐다.

계획을 세울 때는 실천할 수 있는 쉬운 계획을 세우는 것이 중요하다. 그럼 실천 가능한 계획을 어떻게 세울까?

1단계: 우선순위 정하기

아침에 할 일을 잔뜩 써 놓고, 아무것도 못하는 경우가 많다. 계획을 세울 때는 모든 일을 한꺼번에 하려는 것 보다, 우선순위를 정하는 것이 중요하다. 오늘 꼭 해야 하는 일을 세 가지만 적어라! 예를 들어서 학교 숙제와 학원 과제, 내일 가방 챙기기를 써서 이 세 가지를 다 했다면 성공이다. 하지 않아도 될 은 굳이 기록하지 않는 것이 필요하다. 해야 할 일이 많다고 느껴질 때, 우리는 종종 아무것도 하지 않게 되기 때문이다.

생텍쥐페리는 "완벽함이란 추가할 것이 없는 상태가 아니라, 더 이상 뺄 것이 없는 상태다"라는 명언을 남겼다. 더 중요하고 긴급한 일에 집중하라는 의미이다. 해야 할 일 중 가장 중요한 것을 파악하고, 이를 처리하면서 남는 시간을 활용해 나머지 일을 하도록 계획을 세워야 한다.

2단계: 계획 전 확인사항

먼저, 학교 숙제가 제대로 기록되어 있는지를 확인하고, 필요한 준비물이 갖춰졌는지 점검해야 한다. 과학 숙제인 '식물 관찰 일지'를 작성한다면, 노트와 펜이 준비되었는지 체크한다. 기록과 준비가 철저하면 숙제를 더 성실하게 수행할 수 있다.

부모가 내 주는 숙제도 적당한 양을 정해 준다. 한글 쓰기를 할 때, 한 페이지를 모두 채우기보다는 반 페이지 정도로 설정해서 아이가 부담 없이 성실하게 할 수 있도록 한다. 이렇게 숙제의 분량과 규칙을 정한 후에는 이를 기록해서 잘 보이는 곳에 붙여두고, 매일 체크한다.

정해진 원칙을 반드시 지켜야 한다. "이번 주에 숙제를 모두 끝내면 토요일에 놀이공원에 갈 수 있어!"라는 약속을 지키는 것이다. 이렇게 하면 집중해서 숙제를 끝내고, 보상으로 즐겁게 놀 수 있다.

3단계: 쪼개기와 습관화

숙제를 도울 때는 시간을 정해 주어서 집중도를 높이는 것이 중요하다. 한 시간 내내 공부하는 대신, 짧은 시간동안 집중할 수 있도록 시간을 분배해 주는 것이 효과적이다. 큰 목표는 작게 나누어야 실천하기가 더 쉽다. 일주일에 수학 문제 100문제를 푸는 목표가 있다면, 월요일부터 금요일까지 하루에 20문제씩 나누어서 풀게 하고, 주말에 나머지를 해결하게 한다. 이렇게 작은 목표를 세우면, 성취감을 느끼며 계획을 지속할 수 있다.

숙제를 형식적으로 하거나 대충 마무리하지 않도록 주의하며, 중간에 휴식 시간을 포함시키는 것도 필요하다. 20분간 집중하게 하고, 10분간 쉬는 방식으로 시간을 관리하는 것이다. 집중이 잘 안 될 때는 잠시 쉬었다가 다시 시작한다.

시간 단위로 계획표를 작성하고 이를 기록하면, 얼마나 시간을 효율적으로 사용했는지 파악할 수 있다. 이러한 방법으로 더 효과적인 학습을 이끌어낼 수 있다.

4단계: 시간이 아닌 분량으로 계획 짜기

처음에는 시간을 정하기보다 그날 할 분량을 정하는 게 좋다. 수학 교과서 10장을 공부하기로 했다면, 각 장을 공부하는 데 얼마나 걸릴지 먼저 예상해 본다. 처음에는 한 장당 30분이 걸린다고 생각할 수 있다. 그래서 10장을 공부하는 데 총 5시간이 걸릴 것이라고 예상할 수 있지만, 실제로 해 보면 차이가 난다.

실제로 공부해 보니 어떤 장은 40분이 걸리고, 어떤 장은 25분 만에 끝날 때도 있다. 이렇게 실제 공부 시간과 예상 시간을 비교해 보면, 더 정확한 계획을 세울 수 있다.

특히 어려운 부분은 예상보다 더 많은 시간이 걸리기 때문에, 다음에는 이 부분에 더 집중해서 공부할 수 있도록 시간을 조정하는 것이 좋다. 이렇게 예상 시간과 실제 시간을 비교하면서 점점 더 효율적으로 공부할 수 있다.

매일 공부한 시간을 기록하고, 어떤 부분이 오래 걸렸는지 확인하는 습관을 들이는 게 좋다. 이렇게 하면 어떤 과목에 더 시간을 투자해야 하는지 쉽게 알 수 있다. 시험을 보고 나서 "조금만 더 시간이 있었으면 만점 받을 수 있었을 텐데"라는 말을 하지 않도록, 미리 분량을 잘 나누고, 시간 관리를 습관화해야 한다.

5단계: 충분한 놀이 시간 주기

놀이 시간은 아이의 창의력, 사회성, 정서 발달에 도움이 된다. 공부를 끝낸 후에 충분히 놀게 해 주면, 노력에 대한 보상을 받았다고 느껴져서 공부가 지겨운 일이 아니라, 즐거운 놀이를 위한 하나의 과정이라는 생각을 갖게 된다.

공부 목표를 달성했을 때는 칭찬과 함께 놀이 시간을 주자! 그러면 공부와 놀이의 균형이 자연스럽게 맞춰지고, 아이는 할 일을 먼저 처리하는 습관을 갖게 된다. 이 습관은 성인이 되어도 중요한 능력이 되어 직장에서도 주어진 일을 효율적으로 끝내고 남은 시간을 잘 활용할 수 있게 된다.

놀이를 통해 얻는 성취감은 자신감을 키워주고, 실패를 두려워하지 않는 태도를 만들어 준다. 또, 친구들과 놀면서 상호작용을 통해 사회성도 길러진다. 결국, 공부와 놀이의 균형을 잘 맞춰주는 것은 아이의 건강한 성장과 전인적 발달에 매우 중요하다.

6단계: 주중에 끝내지 못한 일은 주말에 하기

계획은 성장하기 위해서 하는 것이다. 매일 자신의 일을 해 냈다는 성취감을 느끼고, 매일 1%씩 발전한다고 느껴야 한다. 작은 성공이 반복되고 쌓여야 큰 성공도 맛볼 수 있다. 숙제는 당일에 끝내는 것이 좋다. 월요일부터 금요일까지 계획을 실행하고 다 하지 못한 숙제가 있다면, 주말에 시간을 내서 마칠 수 있도록 지도해 주면, 성취감을 맛 볼 수 있다. 영어 숙제인 단어 암기를 다 하지 못했다면, 주말 아침 시간을 활용해서 단어를 외우게 한다. 학원 숙제의 경우에도 같은 방법을 적용할 수 있다. 수학 학원에서 주어진 문제집 숙제를 확인할 때, 문제를 풀면서 과정의 흔적(계산 과정, 풀이 과정 등)이 있는지를 살펴보고 과정이 없이 정답만 적혀 있다면 형식적으로 숙제를 한 것이므로 다시 풀어보도록 지도해야 한다.

4-4 4단계 관리
: 계획의 세부 관리와 조정

너무 많은 것을 한 번에 하려는 욕심은 버리자! 처음에는 하루 우선순위 3가지만 완성해 보자! 습관이 되면, 점차 더 많은 목표를 성취해 나갈 수 있게 된다. 중요한 것은 실패를 두려워하지 말고, 일단 시작해 보는 것이다.

어려운 문제는 함께 풀어보며 이해를 돕고, 쉬운 문제는 스스로 해결할 수 있도록 격려해 주자! 숙제를 마친 후에는 성취감을 느낄 수 있도록 "정말 잘했어! 이렇게 어려운 문제를 혼자 풀다니, 정말 대단해!"와 같이 구체적으로 칭찬해 준다. 시간표를 챙길 때는 필요한 물건을 체크리스트로 작성해 보자! 이 과정에서 스스로 체크하면서 자기 주도적으로 준비할 수 있도록 유도한다.

시간 관리 방법 배우기

초등학교 시절은 규율과 규칙을 만들고 습관을 형성하기에 가장 좋은 시기이다. 이때 자기 주도 학습 습관을 기르면, 중고등학생이 되어서도 부모의 간섭 없이 스스로 학습을 관리할 수 있게 된다. 하지만 많은 학부모는 초등학생 때는 자유롭게 놔두었다가, 중고등학생이 되면 갑자기 간섭하기 시작한다. 이러한 변화는 아이의 반발을 불러일으킬 수 있다. 그러므로 초등학교 시절부터 학습 계획표를 작성해서 시간 관리 능력을 길러주는 것이 중요하다. 학습 계획표를 통해 스스로 학습 내용을 계획하고, 목표를 설정하며, 매일 해야 할 학교 숙제와 주말에 해야 할 프로젝트를 기록하자! 긴급하고 중요한 일을 먼저 처리하는 법을 배우고, 놀이 시간을 확보할 수 있어 학습 효율성이 높아진다.

또한, 학습 계획표는 작은 성공 경험을 자주 제공한다. 계획한 대로 학습을 완료하면 성취감을 느끼고, 이는 자존감 향상에 도움이 된다. "오늘 할 일을 다 했으니, 이제 놀이터에 가서 친구들과 놀자!"라는 칭찬은 아이의 자신감을 높이고, 더 큰 목표에 도전할 수 있는 용기를 준다.

이처럼 학습 계획표는 초등학생의 학습과 일상을 체계적으로 관리하고, 자기 주도 학습 습관을 형성하며, 시간 관리 능력을 향상시키고, 성취감과 자존감을 높여주는 중요한 도구이다. 부모는 함께 학습 계획표를 작성하고 꾸준히 활용하여 학습 효율성을 높이고, 긍정적인 학습 경험을 쌓을 수 있도록 도와주어야 한다. 학습 계획표는 단순히 하루 일정을 정리하는 것을 넘어서 스스로의 학습을 주도적으로 이끌어가는 힘을 키워준다.

칭찬이 세상을 바꾼다

아이에게 가장 중요한 것은 애정과 칭찬이다. 어떤 성과를 내고 기록했을 때, 무조건 칭찬해주자! 자주 피드백을 주고 받으며 진행해 보자! 우선 아이의 고생과 노력을 인정하고 칭찬해주는 것부터 시작한다. 칭찬할 때는 구체적인 내용이 중요하다. "엄마가 시킨 대로 하니까 잘 됐잖아!"라는 표현은 아이를 칭찬하는 것이 아니라, 엄마 자신을 칭찬하는 이야기다. 이는 시키는 것에만 익숙한 수동적인 아이로 만들 수 있다. 대신에 스스로 기록하고 실행한 일에 대해 구체적으로 칭찬해주는 것이 필요하다. "오늘 수학 문제를 잘 풀었어! 특히 곱셈 문제에서는 각 숫자를 꼼꼼하게 곱해 나가는 모습이 인상적이었어!"와 같이 칭찬하면 아이가 자신의 성취를 인식하게 해서 더 열심히 공부할 수 있는 동기를 제공하게 된다.

부모와 함께 계획표 짜기 놀이

초등 3학년 학생과 함께 학습 계획표를 짜보는 놀이를 진행해 보자!

1. 계획표 만들 준비물 : 도화지 두 장, 색연필, 포스트잇, 자
2. 일주일 학습 나열하기 : 첫 번째 도화지에 일주일 동안 해야 할 공부를 나열한다. 국어, 수학, 영어, 과학, 사회 등 각 과목별로 해

야 할 공부를 적는다.

　　국어 : 하루에 한 편씩 책 읽기, 주 2회 받아쓰기 연습

　　수학 : 하루에 두 페이지 문제 풀기, 구구단 외우기

　　영어 : 매일 단어 5개 외우기, 주 3회 영어 동화책 읽기

　　과학 : 실험 노트 정리, 과학 동영상 보기

　　사회 : 지도 그리기, 역사 이야기 읽기

3. 주간 계획 만들기 : 두 번째 도화지에 월요일부터 금요일까지 칸을 나누고, 하루를 1시간씩 나누어 공부할 수 있는 시간을 설정한다. 오후 3시부터 4시, 4시부터 5시로 나누어 본다.

4. 학습 배분하기 : 첫 번째 도화지에 적은 공부들을 포스트잇에 하나씩 적는다. 이 포스트잇을 두 번째 도화지의 월요일부터 금요일까지의 칸에 배분해서 붙인다.

5. 학습 우선순위 정하기 : 어떤 공부를 먼저 해야 하는지 우선순위를 정한다. 학교 숙제와 다음 날 공부할 과목 예습, 학원 숙제가 최우선 순위다. 부족하다고 생각되는 과목을 추가해 하루 최소 1시간은 순공 시간을 가지도록 한다.

6. 일주일 실천하기 : 일주일 동안 실천해 본다. 계획한 대로 공부해 보고, 시간이 잘 맞는지, 너무 많은지, 적당한지 확인한다.

7. 학습 설계표 다듬기 : 일주일 실천 후, 시간이 맞지 않거나 과다한 부분을 조정한다.

8. 학습과 휴식의 균형 맞추기 : 학습과 학습 사이에는 30분 정도의 휴식 시간을 포함시킨다. 주말에는 주중에 못했던 학습을 마무

리하고, 충분히 쉬고 놀 수 있도록 한다.

9. 4주 실행 후 꾸미기 : 4주 정도 실행해 보면, 어느 정도 계획의 틀이 잡힌다. 인터넷에서 '학습 계획표'를 검색해 보면 다양한 양식이 있다. 자신만의 멋진 학습 계획표를 만들어 본다.

4-5
5단계 학습
: 학습에 익숙해지는 단계

학습도 게임처럼

학습 방법의 좋은 예시는 게임이다. 게임은 처음에는 아주 쉬운 레벨로 시작한다. 거부감을 없애기 위한 설계이다. 그러나 레벨이 올라가고 게임에 익숙해지면, 점차 어려운 미션이 나온다. 그에 따른 보상도 커진다. 플레이어는 게임이 어려워져도 오히려 재미를 느끼고, 더 큰 보상을 받기 위해 더욱 열심히 한다.

학습도 게임과 같아야 한다. 처음에는 쉽게 시작하지만 점차 학습의 질을 높이는 것이 중요하다. 집에서 스스로 학습할 때는 '하루 1% 발전하기' 방식을 기억하자! 하루 1%는 약 15분이다. 다이어리에 그래프를 그려 수학 문제 풀이 30분을 했다면, 오늘 수학이 2% 레벨업 된 것으로 생각할 수 있다.

학습에도 게임의 보상 시스템을 도입하면, 학습 동기가 상승한다. 마치 게임 속 레벨업을 하듯이 말이다. 학습 목표를 15분 단위로 나누고, 성과를 기록하자! 수학 공부를 1시간 했다면 '사고력 4% 향상'이라고 기록한다. 다이어리를 게임 화면처럼 구성해 전투력(학습력)을 그래프로 그려보면 좋다.

순공 시간 만들기

순공(순수한 공부 시간)이란 학원 수업이나 숙제 외에 자녀가 스스로 공부하는 시간을 말한다. 이 시간에는 부족한 과목을 보완하거나, 다음 날 배울 내용을 예습한다. 또한, 꿈을 이루기 위한 독서나 외국어 공부도 포함된다.

가능하면 매일 같은 시간에 순공 시간을 갖는 것이 좋다. 학교에서 돌아온 후 4시부터 5시까지 공부하는 시간으로 정한다. 매일 같은 시간에 순공 시간을 가지면 습관이 되어 그 시간에는 자연스럽게 공부를 하게 된다. 공부할 시간을 적당히 나누어야 한다. 4시부터 4시 30분까지는 수학, 4시 30분부터 5시까지는 영어를 공부하는 식이다. 이렇게 시간을 나누면 집중력이 더 좋아진다.

너무 오래 공부하면 지치기 때문에 20~30분마다 5분씩 휴식하는 것도 좋다. 일어나서 스트레칭을 하거나 물을 마시면서 잠시 쉬면 집중력이 높아진다. 이때 얼마나 집중하는가도 중요하다. 1시간 동안 책상에 앉아있지만, 30분은 딴 생각을 하고 30분만 공부했다면, 순공 시간은 30분에 불과하다.

짧은 휴식 시간을 활용하는 방법도 있다. 25분 동안 집중해서 공부하고, 5분 동안 휴식하는 '포모도로 기법' 같은 방법을 사용하면,

집중력을 유지하는 데 도움이 된다. 정해진 시간에 쪼개서 순공 시간을 확보하면, 시간 관리를 효율적으로 할 수 있다. 순공 시간을 정해두고 그 시간 동안 최선을 다해 공부하면, 나머지 시간에는 더 여유롭게 휴식을 취할 수 있다. 이렇게 하면 공부와 휴식의 균형을 맞출 수 있어서 장기적으로 학습 동기를 유지하는 데 도움이 된다.

공부 시간 외에도 친구들과 놀거나 취미 활동을 할 시간이 필요하다. 예를 들어, 공부를 마친 후 5시부터 6시까지는 놀이 시간으로 정한다. 이렇게 하면 공부도 하고 여가 시간도 가질 수 있어서 균형 잡힌 생활을 할 수 있다.

하루 최소 30분의 순공 시간

순공 시간이 하루에 30분도 되지 않는다면, 학습법에 문제가 있을 수 있다. 아이가 순공 시간을 확보하지 못하는 이유는 여러 가지가 있을 수 있지만, 시간을 효율적으로 관리하지 못하거나, 학습의 중요성을 충분히 인식하지 못하는 경우가 많다. 이럴 때는 다른 활동 시간을 줄여서라도 순공 시간을 확보해야 한다. 학부모는 아이가 스스로 학습 계획을 세우고, 이를 실천할 수 있도록 도와주어야 한다. 아이가 매일 정해진 시간에 규칙적으로 순공을 할 수 있도록 격려하고, 필요하다면 학습 환경을 조성해 주는 것도 좋은 방법이다. 순공 시간은 단순히 공부하는 시간이 아니라, 자녀가 스스로 성장하고 발전할 수 있는 소중한 시간이다.

순공 시간은 아이가 스스로 학습 계획을 세우고, 공부하는 능력을 길러줘서 주도적인 학습 습관을 형성하는 데 큰 도움이 된다. 또한, 순공 시간은 아이가 자신의 흥미와 관심 분야를 탐구할 수 있는 소중한 시간이다. 학교 수업이나 학원 외에 아이가 스스로 궁금해 하면서 배우고 싶어 했던 주제를 공부함으로써, 더 넓은 지식을 쌓을 수 있다. 이는 아이의 창의력과 비판적 사고 능력을 키우는 데 도움이 된다.

학습 목표 정하기

공부할 목표가 명확하면 공부 방향도 분명해지고, 성취감도 높아져서 학습 동기도 높아진다. 초등학생의 목표는 현실적이고 구체적이어야 한다. 너무 어려운 목표는 오히려 학습 의욕을 떨어뜨릴 수 있다. 현재 자신의 능력에 맞는 목표를 설정하는 것이 중요하다. 수학 문제 10개 풀기, 영어 단어 20개 외우기, 과학 교과서 한 챕터 읽기 등 구체적이고 측정 가능한 목표를 설정하면 할 일이 분명해진다.

초등학생들이 효과적으로 공부하기 위해서는 새로운 내용을 배우는 것뿐만 아니라, 그날 배운 내용을 잘 이해하고 복습해야 한다. 새로운 내용을 배운 후에 이를 반복적으로 복습하여 기억을 강화하는 것이다. 학교에서 수학 시간에 배운 내용을 집에 와서 다시 풀어보거나, 영어 시간에 배운 단어를 집에서 다시 한번 써보는 것을 순공에 포함시키자! 복습은 학습한 내용을 오래 기억하게 하고 시험 때 더 잘 활용할 수 있게 한다.

4-6
6단계 환경
: 환경을 설계하는 단계

개방적 학습 공간

공부 장소는 집중할 수 있는 환경이어야 한다. 거실이 가장 좋다. 열린 공간에서 공부하면 불필요한 행동을 막을 수 있다. 책꽂이가 없는 간단한 책상에 공부할 책만 놓으면 집중하기 좋다. 식탁도 좋은 장소이다. 아이가 공부할 때 부모가 꼭 옆에 앉아있을 필요는 없다. 부모는 자기 일을 하면 된다.

아이 방은 쉬는 장소와 잠자는 장소로 사용하고, 학습 공간과 분리하는 것이 좋다. 짧은 휴식으로 에너지를 충전하고 다시 집중할 수 있게 하자! 휴식 시간이 길면, 학습 연결에 방해가 된다. 스트레칭이나 간단한 두뇌 게임이 좋다. 스마트폰은 절대 금물이다.

방해 요소 줄이기

아이에게 공부에 방해가 되는 요소를 찾아 없애면, 공부 환경을 조성할 수 있다. 공부 환경을 조금만 바꿔도 아이와의 갈등을 줄일 수 있다. TV나 게임기 같은 것은 최대한 멀리 두어 조용한 환경을 만들자! 스마트폰도 잠시 안방 서랍에 넣어두면 불필요한 알림이나 메시지에 신경 쓰지 않고, 공부에 집중할 수 있다. 읽고 싶을 만한 책도 준비하자! "스마트폰 하지 마!"라고 지시하는 것보다 유혹 거리를 제거하는 게 우선이다. 명령하고 강제하는 것보다 자연스럽게 의도된 환경 안에 아이가 있으면, 긍정적인 반응이 나온다.

준비물 사전 준비

공부를 시작하기 전에 필요한 준비물을 미리 챙겨두는 것도 필요하다. 연필, 지우개, 교과서, 노트 등 필요한 모든 것을 준비해 두면, 공부 중간에 일어나는 시간 낭비를 줄일 수 있다. 책상에는 현재 공부할 것만 올려두고, 다른 불필요한 물건들은 치우자! 책상을 정리하다가 시간을 보내는 경우가 많기에, 책상과 책꽂이를 분리하고 평소 책상에는 아무것도 놓지 않는 습관을 들여야 한다.

아이들은 공부하기 시작하면 갑자기 화장실에 가는 경우가 많다. 공부하기 싫어서 만든 핑계다. 공부를 시작하기 전에 물을 마시게 하고, 화장실에 다녀오게 하는 것도 방법이다. 핑계를 사전에 차단하는 것이다. 이렇게 하면 공부에 몰입할 수 있는 시간이 길어지고, 효율적으로 공부하게 된다.

학습 분위기

조명이 너무 어둡거나 밝으면 눈의 피로를 유발할 수 있다. 적절한 밝기의 조명을 유지해야 한다. 자연광이 들어오는 장소도 좋지만, 독서 등은 반드시 마련해야 한다. 책상과 의자의 높이도 적당하게 조절해야 한다. 올바른 자세로 공부하지 않으면, 몸에 무리가 간다. 의자는 허리를 편하게 지지해 주도록 하고, 책상의 높이는 팔꿈치가 자연스럽게 책상 위에 올려질 수 있는 높이가 좋다. 척추가 휘어져서 병원 신세를 지는 아이들을 보고, 필자는 척추 교정법인 카이로프락틱을 공부한 적도 있다. 복장도 신경 쓰자! 잠옷이나 속옷 차림으로 공부하면 마음가짐이 흐트러지게 된다. 잠옷은 부담 없이 눕게 하고, 누우면 꿈 속에서 공부를 하게 된다.

자연스럽게 공부에 집중할 수 있는 환경을 조성해 주면, 더 나은 성과를 얻을 수 있다. 환경 설정이 잘 되어 있으면, 공부가 더 즐겁고 효율적으로 느껴진다.

학원에서 공부하듯

모든 공부는 말로 표현하고 설명하며 글로 쓰는 과정이 필요하다. 가장 좋은 방법은 '선생님 놀이'이다. 거실 한쪽에 칠판을 설치하자! 크면 클수록 좋다. 벽지처럼 붙이는 칠판도 있다. 학교에서 돌아오면 아이가 선생님이 되어 그날 배운 내용을 설명하게 하자! 학부모는 학생 역할을 하면 된다. 아이는 자신이 잘 알고 있는지 확인하게 되고, 학습 능률이 향상된다. 학생 역할은 어렵게 생각할 필요 없다. 호응해 주고 격려해 주면 된다. 아이는 인정 받고 있다고 느끼면서 신이 나서 설명할 것이다. 그러면 더 자신감을 얻게 된다. 흥미

있는 과목도 생길 것이다. 좋아하는 과목부터 설명하게 유도하자.

　마지막으로, 환경을 바꾸고자 할 때는 어떤 변화가 필요한지를 아이와 함께 고민하자! 아이의 의견을 듣고 존중해 주면 함께 성장하는 소중한 시간이 만들어진다.

4-7 7단계 습관
: 학습을 습관으로 바꾸는 단계

공부의 신 강성태는 '공부는 많이 하는 것이 아니라, 적게 하면서도 좋은 공부 습관을 만드는 것이 핵심'이라고 말한다. 우리의 뇌는 현재 상태를 유지하려는 경향이 있다. 습관은 의식이 아닌, 무의식적인 행동이어야 한다. 학생이 공부하는 것이 아니라, 습관이 학생을 공부하도록 만들어야 한다.

자녀가 초1~2학년일 때는 매일 같은 시간에 같은 장소에 앉도록 한다. 최소 집중시간은 20분이다. 독서를 하거나 숙제를 해도 좋다. 중요한 것은 20분 동안 앉아 있는 습관을 만드는 것이다. 모래시계나 예쁜 타이머로 20분을 맞춰놓는 것도 좋은 방법이다. 20분이 지나면, 5분간 휴식 시간을 가진다. 이러한 습관 형성 과정은 학습의 기초를 다지는 연습 시간이다.

초등학교 3학년 이상이라도 집중을 못 하는 친구는 20분 동안 앉아 집중하는 것부터 시작한다. 최소 30분에서 1시간 이상 목표 시간에 도달하도록 차츰 시간을 늘린다. 이때는 집중할 과목을 선정해 준다. 국어, 영어, 수학, 과학 위주로 한다. 국어와 과학은 일주일에 두 번, 30분씩 배분한다. 영어는 학원을 다니지 않는다면, 일주일에 세 번, 1시간씩 한다. 수학은 1시간 30분씩 진행한다.

 수학을 1시간 이상 잡는 이유는 뇌과학에 있다. 우리 뇌의 두정엽은 논리적, 과학적 사고를 담당하는데, 두정엽은 1시간 이후부터 발현된다. 그래서 수학을 매일 1시간씩 공부하면 단순 연산력은 좋아질 수 있지만, 수학적 사고력은 키워지지 않는다. 수학은 최소 1시간 이상을 유지해 수학적 사고력을 기르는 것이 좋다. 유명 사립 초등학교에서 수학을 연달아 두 시간씩 배정하는 것도 두정엽의 활성화를 극대화하여 수학적 사고력을 기르기 위해서이다.

 집에 오면 공부부터 시작한다. 놀기를 먼저 하면 흥분을 가라앉히는 시간이 따로 필요할 뿐만 아니라, 아이가 공부할 마음이 사라진다. 집에 들어오자마자 책상에 앉는 습관을 들이면 놀이 시간이 줄어든다. 공부를 미리 해놓으면 걱정 없이 놀 수 있고, 숙제를 안 해서 엄마와 다툴 일도 없어진다.

 아이들은 게임을 할 때는 스스로 목표를 세우고 이를 이루기 위해 노력한다. 하지만 공부는 그렇지 않다고 느끼기 때문에 어려워

한다. 만약 부모가 게임 종목을 선정해 주고, 일정 레벨까지 못 올리면 게임 학원에 가서 보강하라고 하면 어떨까? 너무 재미없을 것이다. 게임에도 공략집이 있듯이 처음부터 혼자서 알아서 하는 것이 자기 주도 학습은 아니다. '이젠 네가 알아서 짜 봐!', '언제까지 엄마가 해줘야 하니?'라고 하면, 아이들은 십중팔구 시작도 못 할 것이다. 자기 결정권을 가지고 올바른 방향으로 갈 수 있도록 도와줘야 한다. 처음엔 아이가 앉아서 공부한다는 것만으로도 조건 없는 지지와 칭찬을 해주는 것이 부모의 역할이다. 답답하고 조바심이 날 수 있다. 하지만 엄마 주도 학습, 학원 주도 학습은 결국 학년이 올라갈수록, 고등학생이 되는 순간 아이의 성적 향상은 끝이다.

게임처럼 학습을 단계별로 나누고, 성취를 하나씩 이루도록 하면 아이들도 공부를 더 쉽게 이해하고 접근할 수 있다. 단순히 '공부해!'라는 요구보다는 "오늘은 수학 문제 3개를 풀어보자!", "단어 5개를 외워보자!"와 같이 작은 목표를 설정하고, 달성했을 때 칭찬과 보상을 해 주면, 아이들은 점점 더 큰 목표에 도전하게 된다. 학습도 게임처럼 단계별로 목표를 세워 진행하면, 아이들이 이해하고 따라가기 쉬워진다.

레벨 1: 부모는 매일 정해진 시간에 앉아서 공부할 수 있는 환경을 만들어 주자! 공부 내용은 아이의 자율에 맡긴다.

레벨 2: 아이가 계획한 대로 안 되면, 원인을 함께 분석해 주자! 시간이 부족하면 분량을 나누고, 기초지식이 부족하면 학원에 다닐지 책을 사 볼지 논의한다. 하루에 할 일이 너무 많으면, 우선순위를 정해 덜 중요한 과목은 빼거나 주말로 미룬다.

레벨 3: 아이가 공부로 인해 다른 보상(신상 스마트폰, 용돈)을 원할 때는 들어주면 안 된다. 공부는 본인의 것이기 때문에 외부적인 보상이 있으면 처음엔 효과가 있을지 모르지만, 나중엔 효과가 떨어진다. 그리고 외부적인 보상은 자기 주도 학습의 본질에 어긋난다.

자기 주도 학습은 빠를수록 좋다. 학습 습관을 얼마나 더 빨리 잡는가가 중요하다. 학습을 습관으로 만들면 자신감이 생긴다. 학습에 의욕이 생긴다. 그러면 공부를 많이 하고 잘 하게 되는 문제는 자연히 해결된다.

4-8 8단계 성취
: 성취를 맛보는 단계

부모가 롤모델 되기

습관을 지속하기 위해서는 부모의 역할이 중요하다. 자녀는 부모의 행동을 보고 배운다. 부모가 꾸준히 노력하는 모습을 보일 때, 자녀도 자연스럽게 그 습관을 본받는다. 부모가 자신의 목표를 설정하고 성취하기 위해 끊임없이 노력하는 모습을 보여주어야 한다. 이러한 모습을 통해 자녀는 목표를 세우고 도전하는 과정을 배운다.

부모의 양육 스타일과 생활 습관은 자녀에게 큰 영향을 미친다. 자녀가 공부나 생활 습관을 형성하는 데 있어 첫 번째 롤모델은 부모이다. 부모가 규칙적으로 독서를 하거나 운동을 하는 습관이 있으면, 자녀도 그 습관을 자연스럽게 따라한다. 부모가 어려움을 극복하는 과정을 보여주면, 자녀는 포기하지 않고 도전하는 태도를 배운다.

부모가 자신의 습관을 지키며 노력하는 모습을 자녀에게 보여주어야 한다. "나도 부모처럼 해야겠다."는 생각을 가지게 하는 것이 목표이다. 부모가 실패하거나 좌절했을 때도 다시 일어서는 모습을 보이면, 자녀는 그 순간의 교훈을 통해 스스로의 성장 과정을 이해하게 된다. 이러한 경험은 자녀가 어려움에 직면했을 때, 스스로 해결해 나가는 힘을 길러준다.

결국 부모가 자녀의 삶에서 본보기가 되어야 한다. 부모의 일관된 노력과 성실함은 자녀의 습관 형성에 긍정적인 영향을 미친다. 부모가 자신의 행동으로 자녀에게 좋은 습관을 가르치는 것이야말로 진정한 롤모델의 역할이다.

공감과 지지의 힘

아이가 성취를 경험하고 이를 통해 성장하기 위해서는 가족의 공감과 지지가 큰 역할을 한다. 가족이 진정으로 아이를 이해하고 격려하며 함께 한다는 '절대적인 내 편'이 있다는 느낌은 아이에게 자신감을 심어준다. 가족의 지지는 아이가 목표를 향해 나아가는 과정에서 안정감을 느끼게 하고, 학습 중에 직면하는 어려움을 극복할 힘이 된다. 가족의 관심과 응원을 통해 아이는 문제를 스스로 해결해 나가는 능력을 키우며, 이는 결국 자기 주도적인 학습 습관으로 이어진다.

공감은 아이가 성취감을 느끼도록 돕는 중요한 요소이다. 부모가 아이의 노력을 인정하고, 그 과정을 지켜봐 주는 것만으로도 아이는 자신이 성장하고 있다는 느낌을 받는다. 단순히 결과보다는 노력한 과정을 칭찬하며, 그 과정에서 배운 점에 관해 이야기해 주어야 한다. 아이는 자신의 작은 성과를 통해 성취감을 느끼고, 더 큰 목표에 도전할 동기를 얻는다.

진정한 공감은 정해진 답을 강요하거나 물질적인 보상을 주는 것이 아니다. 초등학교 때 학습을 잘하던 아이들이 중학교에 가서 어려움을 겪는 이유 중 하나는 부모의 지나친 기대와 강압적인 태도 때문이다. 고등학교 과정에서는 본인이 공부하지 않으면 성적을 올리기 어렵기에, 초등학교 때부터 자기 주도성을 키워주어야 한다. 물질적인 보상은 한계가 있기에 부모가 아이의 입장을 이해해 주고, 그 노력을 공감해 주면 큰 힘이 된다.

가족의 지지와 공감 속에서 자란 아이는 어려움 속에서도 쉽게 좌절하지 않고, 성취를 통해 발전하는 법을 배운다. 이러한 경험은 아이가 성장하면서 꾸준히 자신을 발전시키는 원동력이 된다. 성취를 맛보는 단계에서 중요한 것은 아이가 가족의 사랑과 지지를 바탕으로 자신의 목표를 스스로 설정하고, 이를 이루기 위해 노력하며 그 성과를 자랑스럽게 느낄 수 있도록 돕는 것이다.

성취감을 시각적으로 표현하기

채점은 아이와 함께하는 것이 좋다. 맞은 문제에 대해 칭찬해 주면서, 아이가 성취감을 느낄 수 있게 해야 한다. 채점하는 동안 동그라미와 칭찬을 통해서 아이에게 내적 보상을 주는 것이다. 맞은 문제를 어떻게 풀었는지 '선생님 놀이'를 통해 설명하게 하면서, 구체적인 칭찬 거리를 찾아보자! 틀린 문제도 자연스럽게 접근하면, 학습 자존감이 올라간 아이는 거부감 없이 문제 설명을 시작한다. 이러한 과정이 반복되다 보면, 아이는 스스로 판단하고 설명하는 모습을 보이며, 더 큰 성취감을 느낀다.

공부는 정신적인 활동이기에, 성취감을 느끼는지가 중요하다. 성취감을 시각적으로 표현하는 것도 좋은 방법이다. 아이가 쓴 오답노트, 문제집, 다이어리 등을 방 한쪽에 전시해 보자! 쌓여가는 공부의 흔적을 보면서 아이는 자신이 얼마나 성장했는지 느끼고 뿌듯함을 경험한다. 시각적 보상은 아이가 성취감을 지속적으로 느끼고 학습에 대한 긍정적인 태도를 유지하게 해준다.

공부방 한쪽 면을 칭찬 공간으로 만들자! 100점 맞은 시험지나 상장을 예쁘게 전시하자! '우리 아들, 자랑스럽다.' '예쁜 딸, 사랑한다.' 등의 칭찬 문구를 포스트잇에 써서 붙이면, 더욱 효과적이다. 아이가 컨디션이 안 좋을 때나 학업 스트레스가 심할 때, 혹은 매너리즘에 빠졌을 때 한 번씩 칭찬 문구를 읽어주면 다시 자신감이 생길 것이다.

맞벌이 부부라면, 그날 배운 내용 설명하는 영상을 아이가 찍어 부모에게 보내는 것도 좋은 방법이다. 주의할 점은 영상을 분석하거나 지적하지 않는 것이다. "우리 아들, 혼자서 열심히 공부했구나! 엄마 마음이 너무 뿌듯하네. 우리 아들이 스스로 공부를 잘하는 자기 주도형이 되었네!" 이렇게 아이의 행동에 대해 우선 칭찬하자! 그리고 그것을 본 엄마의 감정을 이야기하는 것이다. 행동을 이야기하고 감정을 이야기해 주면, 아이는 자신의 행동과 엄마의 감정을 연결해 인식하게 된다. 다음에 아이가 어떤 행동을 할 때, 생각을 먼저 하고 올바른 방향으로 가려 노력하게 된다. 마무리로 아이가 어떤 집단에 속하는지 인식시키는 것도 좋다. '스스로 공부하는 자기 주도형'이고 '능동형 인간'이라는 자긍심을 심어준다.

자기 객관화

자기 객관화를 부모가 이끌어선 안 된다. 가족은 환경과 분위기를 조성해 주어야 한다. 또한 혼자만의 고민 시간을 충분히 주자! 조급한 마음이 생기겠지만, 이게 가장 빠른 길임을 알아야 한다.

자기 객관화란 마치 컵에 든 구정물을 깨끗한 물로 바꾸는 과정과 같다. 가장 효율적인 방법은 구정물을 버리고, 깨끗한 물을 채우는 것이다. 학습에서 걸림돌이 되는 요소를 파악하고, 그것을 과감히 제거하는 것이 중요하다. 이러한 단계를 통해 아이는 문제를 스스로 해결하는 능력을 기르고, 자신을 객관적으로 평가하는 자기 주도적인 아이로 성장할 수 있다.

아이에게 충분한 고민의 시간을 주면 아이는 자기 객관화를 이루고, 더욱 효과적인 학습자가 될 수 있다. 특히 중학생 시절은 학습 습관을 바꾸고 개선할 수 있는 마지막 기회임을 명심해야 한다. 아이와 함께 긴 여정을 걸어가는 게 중요하다.

　구체적으로 아이에게 어떤 문제를 혼자서 해결할 수 있는지 물어보고, 그 해결 과정을 지켜보는 것도 좋은 방법이다. 학습에서 어려운 문제를 스스로 풀어보게 하거나, 학교생활에서 겪는 갈등을 스스로 해결하게 하는 등의 경험을 통해 자기 객관화를 돕자! 이 과정을 통해 아이는 점차 자신의 문제를 객관적으로 바라보고 해결할 수 있는 능력을 키우게 될 것이다.

4-9
9단계 체화
: 학습의 깊이를 더하는 연습의 단계

유대인의 학습법인 하브루타에 대해 들어본 적 있는가? 유튜브에서 '유대인 도서관'을 검색해 보면, 흥미로운 광경을 볼 수 있다. 도서관이 시골 장터처럼 시끄럽다. '하브루타'는 유대인 학문 전통에서 중요한 학습 방법이다.

하브루타는 히브리어로 '동료' 또는 '파트너'를 의미한다. 두 명 이상의 학생이 협력하여 공부하고 토론하는 방식이다. 학습자들은 텍스트에 대해 질문을 제기하고, 서로 질문을 주고 받으며 토론을 진행한다. 직접 참여하면 동기 부여가 되고, 토론 형식의 학습으로 깊이 이해할 수 있다. 또한, 서로의 의견을 공유하고 논쟁하면서 논리적 사고 능력과 비판적 사고 능력을 키울 수 있다. 최근에는 국내의 여러 곳에서도 하브루타 형식의 학습을 도입하고 있다.

하브루타와 유사한 효과를 내는 학습법 중 백지 테스트도 있다. 필자는 이 방법을 가족 공부법으로 추천한다. 직접 실행해 본 결과, 아이의 이해력과 설명력이 크게 향상되었다.

백지 테스트 학습 준비

먼저, 큰 화이트보드를 준비한다. 또는 벽지처럼 붙이는 제품도 좋다. 다양한 색상의 화이트보드 마커와 지우개도 함께 준비한다. 처음에는 일상생활에서부터 활용해 볼 수 있다. 주말 저녁 식단 투표를 하거나 하고 싶은 이야기를 적어보는 등 가벼운 주제로 시작하면서, 화이트보드 사용에 익숙해지는 시간을 가진다. 또한, 일상생활 속 아이의 생각을 적어보게 할 수도 있다. 장난감을 사고 싶다고 하면, 사야 하는 이유를 5가지 적어보게 한다. 화이트보드에 적고 설명하면서 자신의 생각을 정리하고 표현하는 법을 배울 수 있다.

부모의 역할이 중요

아이가 화이트보드 사용에 익숙해졌다면, 학습에 본격적으로 사용해 보자. 오늘 학습한 내용을 화이트보드에 적게 하고, 부모에게 설명하게 하자! 부모가 조금만 호응해 주면, 아이는 신나서 설명할 것이다. 아이가 선생님이 되고 부모가 학생이 되는 역할극을 추가하면, 아이는 더 몰입하고 재미있어한다. 부모는 아이의 설명을 들을 때, 지적이나 보완해주기보다 아이의 말을 잘 들어주고 적절한 호응과 반응을 보여주는 것이 중요하다. 예를 들어, "와~ 기발한데?", "대박~", "그건 처음 듣는 얘긴데?", "그래서 어떻게 됐니?" 등의 반응을 보이는 것이 좋다. 이렇게 하면 낯가림이 심한 소극적인 아이들도 점점 자신감을 갖게 된다.

백지 테스트와 친해지기

아이에게 백지 테스트를 아래처럼 설명하면 좋다. 우선 아이가 좋아하거나 관심 있는 주제를 하나 정하게 한다. 아이가 꿈꾸는 직업이나 우주 탐험 같은 주제가 될 수 있다. 타이머를 10분으로 맞추고 시작해 보자! 주제에 대해 떠오르는 생각을 모두 적게 한다. 글을 써도 되고, 그림을 그려도 된다. 어떻게 표현하든 상관없다. 중요한 건 머릿속에 있는 생각을 자유롭게 적는 것이다. 틀리거나 맞는 게 없다.

10분이 지나면, 아이가 쓴 내용을 함께 보면서 아이에게 설명하게 한다. 혹시 더 좋은 아이디어가 떠오르면, 추가로 더 적어도 된다. 아이의 설명이 끝나면, 내용에 대해 더 깊이 들어가기 위해 몇 가지 질문을 하는 것도 도움이 된다. 예를 들어, "이 부분은 어떻게 생각했어?" 또는 "이걸 더 설명해 줄 수 있니?"와 같은 질문을 할 수 있다. 이 방법은 혼자서도 할 수 있지만, 엄마나 아빠 또는 친구와 함께하면 더 좋다. 그러나 사춘기 학생이라면, 부모와 함께하기 싫어할 수도 있다. 이럴 때는 우선 혼자 써 가면서 중얼중얼이라도 자기 생각을 끌어내는 인출 작업을 하도록 놔두는 것이 좋다. 더 효과적인 방법은 삼각대를 사서 촬영한 후에 본인이 설명한 내용을 다시 보게 하는 객관화 작업이다. 시작하는 것이 힘들지만, 몇 번 해 보면 아는 부분과 모르는 부분이 명확해져서 학습 진전이 있는 것을 본인이 느끼게 될 것이다.

백지 테스트는 생각 인출법이다. 글로 써보고 말로 표현하면서 생각을 정리한다. 무엇을 알고 무엇을 모르는지 인식하게 되고, 어떻게 공부해야 하는지를 스스로 파악하게 된다. 학습한 내용에 대한 메타인지가 자연히 높아진다.

백지 테스트를 활용한 20분 공부법

1. 국어 공부하기

먼저, 좋아하는 동화책이나 학습지에서 한 단락을 5분 동안 읽어야 한다. 중요한 내용을 기억해야 한다. 그다음, 타이머를 10분으로 맞추고 내용을 화이트보드에 적어야 한다. 주인공, 사건, 결말을 생각하며 적어야 한다. 시간이 다 지나면 적은 내용을 다시 읽고, 중요한 부분이 빠졌는지 확인해야 한다. 빠진 부분이 있으면 보완해야 한다. 중요한 단어는 다른 색으로 강조하는 것이 좋다.

2. 수학 공부하기

교과서나 문제집에서 풀고 싶은 문제를 2~3개 골라야 한다. 5분 동안 문제의 조건과 요구사항을 잘 이해해야 한다. 그런 다음, 타이머를 10분으로 맞추고, 각 문제를 백지에 풀어야 한다. 화이트보드에 풀이 과정을 적으면서, 왜 그렇게 풀었는지 설명해야 한다. 풀이 과정이 맞는지 다시 읽어보고, 혹시 틀린 부분이 없는지 확인해야 한다. 다른 방법으로 문제를 풀 수 있는지도 고민해야 한다.

3. 사회 공부하기

교과서에서 배운 내용을 한 단락 읽어야 한다. 5분 동안 중요한 내용을 요약해야 한다. 그런 다음, 타이머를 10분으로 맞추고 읽은 내용을 백지에 적어야 한다. 중요한 개념이나 용어를 설명하고, 예시를 포함하면 더 좋다. 시간이 다 지나면, 적은 내용을 다시 읽고, 중요한 부분이 빠지지 않았는지 확인해야 한다. 빠진 부분이 있으면 보완하고, 지도를 그리거나 표를 만들어야 한다.

4. 과학 공부하기

교과서에서 배운 내용을 한 단락 읽어야 한다. 5분 동안 중요한 내용을 요약해야 한다. 그런 다음, 타이머를 10분으로 맞추고 읽은 내용을 백지에 적어야 한다. 실험 과정을 단계별로 설명하고, 결과와 결론을 적어야 한다. 시간이 지나면, 적은 내용을 다시 읽고 중요한 부분이 빠지지 않았는지 확인해야 한다. 빠진 부분이 있으면 보완하고, 그래프나 그림을 그려야 한다.

각 과목 공부를 마친 후

각 과목 공부를 마친 후, 백지 테스트로 적은 내용을 다시 한 번 전체적으로 검토해야 한다. 중요한 부분을 강조하고, 부족한 부분을 채워 넣어야 한다. 부모님께 설명하거나 스스로 설명하며 학습 내용을 정리하면 더 좋다. 이렇게 하면 초등학생도 혼자서 재미있고 효과적으로 공부할 수 있다. 이해한 내용을 자유롭게 표현하면서 공부하는 것이 포인트이다.

4-10
10단계 최적화
: 성과를 극대화하는 수정의 단계

학습 설계를 적용하다 보면 잘 되는 점도 있고, 잘 안 되는 점도 보일 것이다. 물론 잘 되는 점을 더욱 잘 하도록 하는 것도 필요하지만, 잘 안 되는 부분들의 원인을 찾아 보완하는 것도 정말 필수적이다. 잘 되지 않는 부분이 있다면, 원인을 분석해서 해결책을 찾아보자!

기본 개념이 부족한 경우

용어를 모르면 인터넷 검색으로 해결할 수 있지만, 기본 개념이 부족하다면 EBS 교재와 강의를 활용해야 한다. 소단원마다 30분 이내로 강의가 구성되어 있다. 일주일에 두 번, 각 1시간씩 계획을 세우면, 강의를 듣고 문제 풀이까지 끝낼 수 있다.

예습과 복습의 중요성

과학 과목을 듣는 날엔 미리 예습하자! 예습은 목차와 내용을 한

번 읽어보는 것만으로도 충분하다. 모르는 단어에 밑줄을 긋고, 이해가 안 되는 부분을 표시하자! 수업 시간에 임하는 자세가 달라질 것이다. 예습을 못 했다면, 학교 쉬는 시간을 활용해도 된다. 복습은 학교 다녀온 당일에 해야 한다. 백지 테스트로 그날 배운 내용을 써 보자! 그러면 아는 부분과 모르는 부분이 뚜렷하게 구분될 것이다. 모르는 부분만 다시 공부하면 된다.

수업 시간에 집중하기

아이를 통해 확인해 보는 것이 좋지만, 담임 선님과의 면담도 좋다. 집중 못 하는 이유가 ADHD나 기면증이 아니라면, 원인 분석을 해 보자! 아이가 과목을 싫어한다고 하면, 담임 선생님이나 급우 간의 갈등을 의심해 볼 수 있다. 충분히 대화를 나눠서 오해를 풀고, 담임 선생님과의 집중적인 면담이 필요하다. 예습을 너무 완벽하게 해 가도 수업 집중에 방해가 될 수 있다.

예습은 아는 것과 모르는 것을 구분하는 정도로만 해야 한다. 수업 집중도가 낮은 것은 기질상의 문제일 수도 있다. 논리형 아이는 딴생각을 하다 수업 흐름을 놓치면 '놓친 부분을 집에서 공부하자!'라고 생각하며 수업을 놓게 된다. 이런 아이들에게는 처음 배우는 부분을 들어도 모를 수 있다는 점을 인식하고 수업에 임할 수 있도록 도와 주어야 한다. 다음 내용을 들으며 유추하는 습관을 들여보자.

학습 환경 변화의 중요성

다음은 학습 설계 최적화를 위한 추가 방법들이다. 아이가 흥미를 잃지 않고 학습 동기를 부여 받기 위해서는 가끔씩 환경을 바꿔주는 것이 좋다. 아래 방법 중에서 실천할 내용이 있는지 확인하고, 가끔은 아이에게 새로운 환경을 만들어 주자!

책상 배치를 새롭게 해 보는 건 어떨까? 단순히 위치를 바꿔도 좋고, 독서실 책상처럼 칸막이를 만들어 보는 것도 좋다. 학교 책상과 동일한 제품을 쓰는 학생도 본 적이 있다. 작은 변화로 장소를 바꾸는 효과를 누릴 수 있다.

조명등을 새로 사거나 조명 색을 바꿔보자. 등의 위치를 바꿔 보는 것도 좋다.

다양한 필기도구를 활용해보자. 초등학생이라고 연필이나 샤프만 고집할 필요는 없다. 다양한 필기감을 느끼고 꾸밀 수 있도록 흥미를 유발시켜 주자! 주말에 대형서점이나 큰 문구점에 가서 여러 제품을 보고 사용하는 것이 좋다.

문제집을 바꿔보자. 아이의 친한 친구 문제집을 빌려 오도록 권유해 보자! 부모가 고른 문제집보다는 아이가 직접 선택한 문제집을 푸는 것이 거부감이 덜할 것이다.

공부 친구를 만들자. 마음이 통하는 친구랑 공부하면, 공부가 더 재미있어질 것이다. 필자는 두 딸이 초등학생 때 만났던 네 가정과 아직도 정기적으로 모임을 갖고 있다.

글씨체를 바꿔보자. 한글 뿐만 아니라 영어 공부를 할 때, 필기체로 써 보는 것도 좋다. 글씨체가 예쁘면 필기에 대한 집중도가 높아지고, 주변의 칭찬이 많아지다 보면, 기록하며 공부하는 습관이 강화된다.

매일 세 줄 일기를 써보자. 일기 쓰기는 부담스러울 수 있다. 하지만 세 줄 일기는 간단하다. 오늘 1% 성장한 일, 하루의 반성, 감사하고 싶은 일을 각각 한 줄씩 써 보자!

학습 쇼핑도 좋은 방법이다. 학습 도구를 선택할 때 아이와 대화를 나눠보자! 다양한 문구를 갖추고 있는 제법 큰 문구사에 가는 것이 좋다. 예쁜 학습 도구는 아이의 학습 의욕을 올려준다. 아이가 직접 맘에 드는 공책을 고르게 하자! 필자는 어렸을 때, 채점용 빨간 색연필을 좋아했다. 이런 특별한 도구를 사주면 아이는 채점하는 것을 좋아하게 된다.

끊임없는 관찰과 수정을 통해 우리 아이에게 맞는 공부 습관을 찾자! 꿈이 생기면 목표가 생기게 되고, 목표가 생기면 행동으로 이어지고, 행동이 습관이 되고, 습관이 성격이 되어 운명이 결정된다.

5-1 아이별 부모의 대처 자세

5-2 과목별 학습시 알아둘 점

5-3 혹시 나도 이런 습관이?

5-4 공부도 레벨이 있다

5-5 시험을 보는 이유

5-6 어떤 순서로 공부할까?

5-7 현실과 시행착오, 공부의 목적

5장

초등 학습 설계 (심화편)

5-1 아이별 부모의 대처 자세

부모의 역할

"제가 말하면, 안 들어요. 지금 말씀하신 걸 우리 아이에게 전해 주세요."

"선생님과 함께 한 달 합숙시키고 싶어요."

학부모와 학습 설계에 대해 논의하다 보면 종종 이런 답변을 듣게 된다. 하지만 선생님이 모든 것을 할 수 있는 것은 아니다. 아이의 태도와 습관은 기본적으로 부모의 책임이고, 부모의 영향을 받을 수밖에 없다. 선생님이 할 수 있는 역할이 있는 것과 같이, 부모가 해야 하는 역할이 있다. 부모가 학습 설계를 통해 아이를 꼭 변화시키겠다는 간절함이 없거나 아이에게 꿈도 없고 공부할 의지도 없다면, 어떤 방법도 통하지 않는다.

스티븐 코비 박사는 『일곱 가지 습관』에서 이렇게 말했다. "애벌레가 변화하면 3미터를 기어가지만, 나비로 변혁하면 3킬로미터를 날아간다." 학습 설계는 애벌레에서 나비로 변혁하기 위한 강력한 환경 설계이다. 모든 것은 기본적으로 열심히 공부한다는 전제하에 가능하다.

초등 과정에서 공부 습관이 잡히지 않고 공부를 못하는 것은 솔직히 공부에 시간을 할애하지 않아서이다. 학습 설계는 하고자 하는 의지가 있는 학부모와 아이에게 올바른 방법을 제시하는 것이다. 모든 일은 행동이 수반되어야 한다. 생각이 아닌, 실천하면서 이유를 찾아야 한다. 해 보면서 안 되는 부분은 아이에게 맞춰 조금씩 수정해 나가야 한다.

완벽하게 학습 설계를 했더라도 꾸준히 실천하기란 여간 어려운 일이 아니다. 이번 장에서는 그럴 때 어떻게 극복할지를 사례를 통해 이야기해 보려 한다.

소소한 포상 만들기

아이들이 계획표에 어느 정도 적응하고 나면, 나태해지고 놀고 싶어 할 수 있다. 누구나 발전보다는 편안함을 찾는다. 목표와 의지가 약한 아이들은 더욱 그렇다. 그래서 아이가 지속해서 조금씩 발전할 수 있도록 자극하고 때로는 환기도 시켜줘야 한다. 그 시기는 매달 말이 좋다. 한 달 동안 계획표를 잘 지켰다면, 마지막 주말엔 소소한 포상을 해 보자!

외식하거나 가정에서 맛있는 음식을 해 먹을 때, 이번 달에 잘한 일을 칭찬하면 좋다. 그리고 잘한 일을 다음 달에 어떻게 더 잘하고 발전할 수 있을지 토론해 보자!

칭찬할 때는 꿈과 연계한 세련된 칭찬이 필요하다. "연아는 영어 발음이 훨씬 세련되어졌구나! 언어습득이 빠른 사람은 외교관, 언어학자, 언론인, 교육자, 연구원 등 다양한 직업에 도전할 수 있어. 멋지다! 우리 한번 검색해 보고, 어떤 부분을 보완하면 더 잘 할 수 있을지 알아볼까?" 이렇게 한 달에 한 번씩 칭찬을 해 주면 지속적인 동기부여가 된다.

공부는 인생 필수 과목이다

필자는 아이 또는 부모가 "공부가 인생의 전부는 아니잖아요?"라고 말하는 경우를 종종 본다. 물론 공부가 인생의 전부는 아니다. 하지만 공부는 인생의 필수 과목이다. 우리가 살아가면서 무언가를 배우지 않고 살아갈 수 있을까? 살다 보면 수많은 질문이 생기고, 문제에 맞닥뜨리게 된다. 그럴 때면 좌절을 하기도 하고, 고통을 받기도 한다. 그런 좌절과 고통의 시간에서 벗어나기 위해서 우리는 끊임없이 해결책을 찾는다. 그 자체가 공부다. 공부는 어차피 해야 한다. 지금 하지 않은 공부의 대가는 언젠가 인생의 걸림돌로 찾아온다. 공부는 선택사항이 아니라 필수다. 공부는 어려움이 닥쳤을 때, 끊임없이 연구하고 분석하며 파헤쳐서 해결하는 '문제 해결력'을 키우기 위한 생존 무기이다.

몸 상태가 좋지 않은 날엔

아이가 힘들어서 공부를 못 하겠다고 한다면, 우선 꾀병인지 정말 힘든 건지 살펴야 한다. 그저 공부하기 싫고 놀고 싶어 거짓말을 하는 경우도 많기 때문이다.

아이의 상태를 살펴봐도 꾀병 같아 보이지 않고, 정말 힘들어 한다면, 하루 정도 온전한 휴식이 필요할 수도 있다. 온전한 휴식을 통해 빨리 나아지게 해야 한다. 이때 온전한 휴식이란 게임을 하거나 논다는 의미가 아니다. 말 그대로 온전히 쉬고, 영양가 있는 음식을 먹고 약을 먹어서 몸의 상태를 원래대로 회복하는 데 초점을 두는 것이다. 상태가 안 좋다고 공부는 하지 않고 친구와 놀거나 하루 종일 스마트폰을 보면, 에너지가 쌓일 수 없다. 결국 쉰다고는 하지만, 컨디션을 끌어올리기 어렵다.

영민한 아이의 공부법

한번 시작하면 잘 하는데, 조금 어긋나면 아예 안 하려는 아이들이 있다. 완벽주의 성향이 있는 이 아이들은 수업 시간에 잠깐 딴생각을 하다가 선생님 말씀을 놓치면 '나중에 집에 가서 처음부터 다시 읽어보고 공부하지!'라고 생각한다. 이런 생각을 하는 아이들은 대부분 영민하다. 웬만한 건 집중해서 눈으로 쭉 살펴보기만 해도 금세 이해한다. 수학도 눈으로 풀려 한다. 머릿속으로 생각해야 하는데, 그냥 암기한 패턴대로 풀어 버린다. 그래서 모르면 바로 답치를 보거나, 누군가가 설명해 줘야 한다. 그리고 그걸 바로 외워서 그대로 쓴다. 영민한 아이는 이게 공부라고 생각한다. 모르는 문제에 대한 포기가 빠르고, 결국 깊이 있는 공부를 접하지 못한다.

이런 아이들은 부모의 세심한 돌봄이 필요하다. 답이 맞고 틀리는 것보다, 맞았어도 어떻게 풀었는지 설명하고 토론하면서 그 과정에서 보람을 느끼게 만들고 칭찬해 줘야 한다. 이런 아이들은 처음에 학습 습관을 만드는 것이 힘들지만, 습관이 제대로 잡히면 본인이 알아서, 찾아서 공부하는 스타일이라 나중에는 부모가 편하다.

어릴 적 눈사람을 만들어 본 기억이 있을 것이다. 눈사람을 크게 만들려면 처음 눈덩이를 뭉칠 때 가운데 연탄재를 넣어야 중간에 쪼개지지 않고 크게 뭉쳐진다. 학습 설계도 마찬가지이다. 우리 아이에게 맞는 설계의 기준점을 찾아야 한다. 방향을 정했으면 일단은 실천해 보고, 조금씩 수정해야 한다. 조금 해 보고 '이건 아닌 것 같아!', '우리 아이에겐 이 방식이 안 맞아!'라는 생각에 방향을 맞추면 기준점을 잡을 수 없다.

4장에서 제시한 학습 설계법으로 기준점을 잡았으면, 조금씩 수정해 나가는 과정이 필요하다. 그래야 큰 학습 목표를 설정하고, 아이의 학습 습관을 제대로 형성할 수 있다. 기준을 잡고 수정하는 방법으로 학습 방향을 정하고 설계하면 아이가 성장해서 고등학생이 되어도 꾸준히 이어나갈 수 있는 공부 습관을 만들 수 있다. 좋아하는 과목을 중심으로 하루에 30분씩 학습하는 계획을 세우고, 아이의 반응에 따라 시간이나 과목을 조정하자! 학습 설계는 단순한 계획이 아니라 아이의 학습 습관을 만들어가는 과정이다.

5-2 과목별 학습시 알아둘 점

영어 학습시 알아둘 점

자녀의 학습을 돕기 위해선 약점을 정확히 알아야 한다. 영어 과목에서 새로운 단어를 잘 외우지 못한다면, 단어를 외우는 방법을 바꾸어보는 것도 하나의 해결책이 될 수 있다. 예를 들어, 단어 카드를 사용하거나 그림과 함께 외우는 방법을 시도해 보자!

영어 작문 시 문법이 자주 틀린다면, 문법 규칙을 충분히 이해하지 못했기 때문인지도 모른다. 문법책을 참고하고 다양한 문법 문제를 풀면서 규칙을 확실히 익혀야 한다. "He go to school." 대신 "He goes to school."이라고 올바르게 쓰는 연습 뿐 아니라, '주어가 3인칭 단수일 때, 그뒤에 나오는 동사에는 ~s나 ~es를 붙인다'라는 문법공식을 이해하고 암기해야 한다.

글을 읽어도 뜻을 잘 이해하지 못한다면, 문해력이 부족한 상황일 수 있다. 문해력이 부족하다면, 이해할 수 있는 쉬운 책을 선택해 내용을 이해하고 점차 난이도를 높여야 한다. 처음부터 어려운 책으로 시작해서 내용 이해를 못한다면, 시간이 걸리더라도 성과가 나지 않아 공부 효율이 떨어지기 쉽다. 또한, 아이가 영어를 어려운 과목으로 여기게 될 수도 있다.

영어 책을 고를 때는 자신의 능력에 맞는 책을 선택하는 것이 필수다. 이해하기 어려운 책보다는 쉽게 이해할 수 있는 책을 선택해서 해석해 보며, 영어에 대한 자신감을 키워주는 것이 좋다. 쉬운 책을 몇 권 읽어서 이해도가 높아진 후에는 점차 어려운 책으로 넘어가며 학습 수준을 단계적으로 끌어올리는 것이 바람직하다.

수학 학습시 알아둘 점

수학 공부를 할 때도 자녀가 어려워하는 이유를 분석하는 것이 필수다. 덧셈을 어려워하는 경우에는 물건을 이용해서 직접 세어보게 하거나, 그림을 그려서 쉽게 이해할 수 있도록 도와줄 수 있다. 만약 "3 + 2"를 이해하지 못한다면, 사과 3개와 사과 2개를 그림으로 그려서 모두 몇 개인지 세어보게 하자! 또한 문제를 풀 때 어떻게 접근해야 할지 모를 경우, 문제를 단계별로 나누어 설명해 주고, 비슷한 문제를 반복해서 풀어보도록 하자! 수학은 계산을 해야 하는 과목이기에, 더하기를 빼기로 한다든지, 나누기를 곱하기를 하는 등의 실수가 나올 수 있다. 이런 아이는 문제를 풀 때, 좀 더 집중해서 풀 수 있도록 돕는 것이 필요하다.

문해력이 떨어지면 수학에도 영향을 준다. 계산을 잘 하는 아이일지라도 문해력이 떨어지면 문제 자체를 이해하지 못할 수 있다. 이런 경우에는 문제를 읽으면서 중요한 부분에 동그라미를 치면 효과적이다. 줄을 치거나 동그라미를 치면 문제를 좀 더 세밀히 들여다 보게 되어 이해가 쉬워진다.

과학 학습시 알아둘 점

과학 공부에서는 아이가 과학 용어를 잘 이해하지 못하는 경우가 많다. '광합성'이라는 용어를 모른다면, 식물이 햇빛을 받아 어떻게 에너지를 만드는지 그림이나 동영상을 통해 설명해 주자! 또한 실험 과정을 잘 모르면, 집에서 간단한 실험을 직접 해 보면서 설명해 주는 것도 좋다. 식물에 물을 주지 않았을 때 시드는 모습을 보여주며, 물과 햇빛이 식물에게 얼마나 중요한지를 설명할 수 있다. 이렇게 실제 경험을 통한 학습은 아이의 뇌를 자극하여, 쉽게 잊힐 수 있는 내용을 장기 기억으로 전환하는 데 큰 도움이 된다.

학습은 가정으로부터

처음부터 학원의 상담을 받기보다는 앞서 나온 방법으로 아이의 약점을 어느 정도 파악하고 전문가의 도움을 받는 것이 좋다. 부모가 아이의 학습 과정을 직접 관찰하고 분석하면, 아이와의 상호작용을 통해 더 깊은 신뢰 관계를 형성할 수 있다. 이런 방법은 아이가 자신의 약점을 파악하고 학습에 대한 두려움을 줄이는 데 도움이 된다. 또한 부모가 아이의 학습 스타일과 성향을 잘 이해하게 되면, 학원의 일률적인 접근보다 더 맞춤형 학습 계획을 세울 수 있다. 아이의 학습 문제를 스스로 파악하고 해결하는 과정은 결국 아이에게 자기 주도적인 학습 습관을 길러준다.

5-3 혹시 나도 이런 습관이?

초등학생 성적의 90%는 습관에 달려있다. 좋은 습관을 가지는 것만으로도 성적이 오르고, 반대로 좋지 않은 습관은 공부를 망친다. 문제는 초등학교 시절 학습의 습관이 중고등학생이 되어도 이어진다는 점이다. 아래 나와있는 공부를 망치는 습관을 보며, 아이의 습관은 어떤지 살펴보자!

공부 보다 놀기를 우선하는 습관

공부하기 전에 놀기를 우선하는 아이들이 있다. 심지어 아이가 공부를 시작하기 힘들다고 먼저 보상을 주려는 학부모도 있다. 그러나 힘들고 어려운 일을 마친 후에 보상이 주어져야 그 보상의 의미가 커지고, 아이도 더 잘 참고 견딜 수 있다. 매일 외식하는 아이는 외식을 당연하게 여기고 권리라고 생각하여 아무 때나 외식을 요구할 수 있다. 외식은 특별한 날에 해야 의미가 있다.

공부하기 전에 먼저 놀고 공부를 하면, 흥분된 감정을 가라앉히는 데 많은 시간이 필요하다. 또한, 공부 후에 주어질 보상도 사라진다. 공부를 마친 후에 휴식을 보상으로 주는 것이 아이의 학습에 더 도움이 된다. 이렇게 학습 후에 보상을 제공하는 것은 학습 동기를 높이고, 아이가 성취감을 느낄 수 있도록 하는 효과적인 방법이다.

무조건 앉아있는 습관

컨디션이 안 좋으면 우선 쉬어야 한다. 아이들을 가르치다 보면 꾸벅꾸벅 조는 아이들이 있다. 화장실 가서 손 씻고 물 한 잔 마시고 오라 해도 거부하며 꾸역꾸역 앉아서 계속 졸고 있는 아이들을 보면, 평소 집과 학교에서 어떤 생활을 하고 있는지 알 수 있다. 힘들어도 버티는 것이 중요하다고 생각할 수 있다. 하지만 버티는 것은 시간 낭비일 수 있다. 과목을 바꿔도 좋고, 시간 단위로 잠시 쉬는 것도 좋다. 집중할 수 있는 시간은 한계가 있기에, 일정 시간 공부를 했다면 머리를 식히고 환기도 하며 쉬는 시간을 가지는 것이 좋다. 길어도 두 시간 단위로는 쉬어가면서 공부하자! 이때 주의할 점은 쉴 때 스마트폰을 보거나 다른 행위를 하면 쉬는 게 아니라, 자극을 바꾸는 것밖에 안 된다. 쉴 때는 온전히 쉬어야 에너지를 보충하고 새로운 학습의 준비가 된다.

학원 수업이나 강의로만 때우는 습관

훌륭한 선생님 밑에서 열심히 강의를 듣기만 하면 성적이 오를

까? 수영을 배우고 싶다고 유튜브 영상을 보면 수영을 잘할까? 순공(순수한 공부 시간)은 너무나 중요하다. 잘 먹었으면, 잘 소화할 시간이 필요하다. 기본적으로 1시간 강의를 들었으면, 두 배인 2시간 순공 시간이 필요하다. 초등 과정은 중고등 과정보다 단순하기에 순공이 없어도 아이는 잘 따라간다. 그래서 열심히 수업 듣는 것이 학습이라고 착각한다. 하지만 중고등생이 되는 순간 꼬이기 시작한다. 중고등학교 학생이 중간, 기말고사를 보고 나서 입버릇처럼 하는 말이 있다. '실수였어요.', '모르는 유형이에요', '안 배운 내용이었어요.' 이런 변명 뒤에 숨게 되는 것이다. 학교에서 다루지 않은 범위를 시험문제로 내진 않는다. 오히려 수업 시간에 졸지 말라고 힌트를 던져주는 선생님도 계신다. 그걸 잘 파악하는 아이는 학교 수업시간에 선생님이 한 농담도 받아 적는다. 이런 아이들은 당일 집에 와서 그날 배운 내용을 100% 이해하는 과정인 순공을 한다. 그날 배운 내용은 그날 끝내자!

문제 풀이 위주 학습

문제만 잔뜩 풀고, 유형만 반복적으로 학습하는 아이들이 있다. 학원가에서는 이를 '양치기'라 부른다. 개념 이해가 충분하지 않은 상태에서 유형만 기계적으로 푸는 것은 사상누각, 즉 모래 위에 건물을 쌓아올리는 것과 같다. 다들 이 사실을 알고 있지만, 생각보다 잘 지켜지지 않는다. 진도를 빨리 나가고 싶은데, 숙제가 많으니 마음이 급해지기 때문이다. 문제를 많이 푸는 공부 방법이 시간을 절약하는 것 같고, 공부를 많이 한 것 같아 뿌듯하다. 그러나 막상 시험을 보면 성적이 잘 나오지 않는다. 개념 이해가 안 된 상태에서 문제를 외우듯이 풀면, 조금만 변형된 문제도 새롭게 느껴지고, 풀이 과정을 찾아내지 못한다. 개념부터 충분히 학습하고 넘어가는 습관을 들여야 한다.

답지 확인이 빠른 습관

많은 아이들이 답지를 읽고 이해하는 것만으로 공부했다고 생각한다. 그러나 이는 자신이 알고 있는 것과 모르는 것을 구분하는 능력, 즉 메타인지를 갖추지 못했음을 의미한다. 공부란 모르는 것을 아는 것으로 바꾸는 과정이다. 단순히 답을 확인하며 맞았는지 틀렸는지를 확인하는 것은 진정한 공부가 아니다. 답지를 확인할 때는 두 가지 규칙을 지켜야 한다.

첫째, 모르는 문제를 바로 판단하지 말고, 한 번 더 고민해야 한다. 예를 들어, 틀린 문제라도 끝까지 매달려 관련 개념을 찾아보며, 힌트를 얻어야 한다. 이렇게 해서 아는 부분과 모르는 부분을 명확히 구분한 후에 답지를 확인한다.

둘째, 답지를 보고 분석하는 데 문제 풀이 시간의 두 배를 할애해야 한다. 해설을 보고 이해가 되었다면 끝이 아니라, 오답을 분석하는 데에 두 배의 시간을 들인다. 예를 들어, 30분 동안 문제를 풀었다면, 1시간 동안 답지를 보며 왜 틀렸는지, 어떤 부분을 놓쳤는지, 앞으로 어떻게 개선할 것인지를 분석해야 한다.

목차 확인을 안 하는 습관

목차는 그날 배울 내용에 대한 나침반이다. 방향없이 열심히 공부하는 것과 오늘 배울 학습의 방향과 목적을 알고 공부하는 아이의 성과는 큰 차이가 난다. 미리 배울 내용 목차만 읽는 것만으로도 예습의 효과가 있다. 목차를 읽게 되면 그날 배울 수업에 대한 방향을 알 수 있기 때문이다. 머릿 속에 기억 장소가 생겨 수업을 이해할 준비가 된다.

초등생 때부터 좋은 습관을 들여놓으면 중고등학생이 되어도 효과를 제대로 본다. 습관은 처음에 만들기는 힘들지만, 한번 정착되면 무의식적으로 반복하게 되고, 그 어떤 학습법 보다 강력해진다. 초등학생 때 좋은 습관 들이기는 평생 쓸 수 있는 무기를 가지는 것이다.

5-4 공부도 레벨이 있다

   학습은 작은 것부터 실천하며 성취감을 느끼는 것이 중요하다. 처음에는 자신의 공부 레벨을 정확히 알기 어렵다. 그러므로 무리한 목표를 세우기보다는 작은 목표를 설정하고, 이를 달성하면서 자신감을 키우는 것이 좋다. 다음은 작은 목표를 설정하고 실천하는 방법에 대한 몇 가지 팁이다.

   구체적인 목표 설정: '매일 영어 단어 5개 외우기'처럼 명확하고 달성 가능한 목표를 설정한다. 구체적 목표를 정하면 해야 할 일이 눈에 보이기에 쉽게 접근할 수 있다. 예를 들어, '매주 새로운 영어 문장 3개 만들기'도 좋은 예다.

   일정 관리: 짧은 시간이라도 매일 꾸준히 공부할 수 있도록 일정을 관리한다. 일정을 관리할 때는 '하루에 10분씩 영어 듣기 연습하기'와 같이 구체적으로 계획을 세우는 것이 좋다.

진행 상황 기록: 목표를 달성한 날을 기록하며, 성취감을 느낄 수 있도록 한다. 이를 위해 일기나 앱을 활용하여 매일의 학습 진행 상황을 기록하는 것도 좋은 방법이다. 예를 들어, '오늘 외운 단어: apple, banana, cherry, date, egg'와 같이 기록할 수 있다.

보상 시스템: 작은 목표를 달성할 때마다 자신에게 작은 보상을 준다. 예를 들어, 일주일 동안 매일 단어 5개를 외웠다면, 좋아하는 음식을 먹거나 영화를 보는 등 자신에게 보상을 주는 것이다.

반복 학습: 학습한 내용을 꾸준히 복습하며, 확실히 내 것으로 만든다. 이를 위해 주말마다 한 주 동안 학습한 내용을 복습하는 시간을 가지는 것이 좋다.

어른들도 신년이 되면, 예쁜 다이어리에 멋진 계획을 세운다. 하지만 연말이 되면 대부분 달성하지 못함을 보고 실망한다. 왜 계획을 지키기가 어려운 것일까?

첫째, 목표가 너무 높아서 달성하기 힘들기 때문이다. 목표가 높을수록 포기하기 쉽다. 작은 목표를 나눠 성취감을 느끼면서 꾸준히 유지하는 것이 중요하다. 예를 들어, 처음 운동을 시작하는 사람이 매일 10분씩 걷는 것부터 시작하는 것이 좋다.

둘째, 자신의 능력을 모르고 계획을 세우기 때문이다. 전혀 운동하지 않던 사람이 새벽에 일어나 두 시간씩 헬스장을 다니면, 출근

해서 어떻게 될까? 본업에 충실하지 못할 뿐만 아니라, 충분한 휴식이 없어 체력이 떨어질 것이다. 그럴 땐 자신의 일상과 체력에 맞는 계획을 세우는 것이 중요하다. 예를 들어, 일주일에 두 번, 30분씩 운동하는 계획부터 시작할 수 있다.

이러한 방법을 통해 작은 목표를 설정하고 성취감을 느끼며 꾸준히 실천해 나가면, 점차 더 큰 목표도 달성할 수 있게 될 것이다. 중요한 것은 꾸준함과 성취감을 통해 자신감을 키우는 것이다. 작은 목표부터 차근차근 단계를 밟아 나가면서, 자신이 얼마나 성장했는지를 돌아보는 것이 필요하다. 그렇게 하다 보면, 어느새 큰 목표도 이루고 있는 자신을 발견하게 될 것이다. 결국 성취감은 더 큰 동기부여로 이어지게 되고, 이는 지속적인 발전의 원동력이 될 것이다. 성공적인 학습과 목표 달성을 위해 지금 바로 작은 목표를 설정해 보는 것이 좋다. 작은 변화가 큰 성과로 이어질 것이다.

5-5 시험을 보는 이유

아이들이 한두 문제를 틀렸을 때, 100점을 맞을 수 있었지만 실수했다고 말한다. 실수한 문제를 다시 설명하며 풀어보게 하면 틀리는 패턴이 명확히 드러난다. 그냥 넘어가면 비슷한 난이도의 다른 시험에서도 실수할 확률이 높다. 사실은 실수라는 이름 뒤에 숨는 것이다. 결국, 실력이 부족한 것이다. 시험을 보는 첫 번째 이유는 자신의 실력을 파악하기 위함이다. 틀린 문제를 살피며, 잘못된 패턴을 찾아 수정해서 실수를 줄여야 한다.

시험을 보는 두 번째 이유는 자신의 위치를 제대로 파악하기 위함이다. 시험 볼 때 시간이 부족한 아이는 문제 푸는 속도 문제뿐만 아니라, 시험공부가 제대로 되지 않은 것이다. 이런 아이는 이번에 분명히 100점을 맞을 수 있었지만, 시간이 부족해서 틀린 문제라고 표현한다.

100점을 맞으려면 120점의 공부가 되어 있어야 한다. 시험에 최적화되어야 한다. 아는 것 같은 느낌은 공부가 덜 된 것이다. 알고 있다는 느낌에 한 문제를 오래 붙잡고 있다가 결국 틀려 놓고서 '실수'라고 치부한다. 본인의 실력을 인정하지 않는 것이다. 실수도 실력이라는 사실을 인지하고, 본인의 위치를 정확히 파악해야 실력을 향상할 수 있다. 이 외에도 평소에 잘 하다가 시험만 보면 점수가 안 좋은 안타까운 아이들이 있다. 그 유형을 분석해 보면 다음과 같다.

긴장하고 떨려서 본 실력을 발휘 못 하는 아이

이런 유형의 아이들은 혼내면 안 된다. 오히려 다독이며 안심시켜줘야 나중에 실력을 발휘할 수 있다. 과정을 칭찬하고 결과에 연연하지 않는 것이 좋다. 긴장해서 틀린 실수를 실력으로 만들지 않도록 고쳐주려는 생각에 혼내거나 가르치려 들면 아이는 잘못했다는 생각에 더 긴장하고 숨어 버린다. 이런 아이들은 나중에 시험 때가 되면, 컨디션 조절이 안 되어서 실제로 몸이 아프기도 한다. 내가 어려우면 남도 어렵다는 생각을 심어주고, 결과보다는 과정에서 잘못된 점이 없나 살펴보고, 올바른 습관을 가질 수 도록 이끌어줘야 한다.

에너지가 강한 아이들은 해 보고 안 되면 다른 방법을 선택하지만, 이런 유형의 아이들은 에너지가 약해서 결정을 쉽게 내리지 못한다. 이럴 때는 빠른 성취감을 맛볼 수 있게 공부의 양을 나눠 주어야 한다. 한 과목당 20분에서 30분 만에 끝낼 수 있도록 하고, 그 날 공부한 단원을 계획표에 기록해서 한쪽 면에 붙여 보도록 한다. 과목이 끝날 때마다 칭찬을 해 주고, 칭찬 스티커를 붙여준다. 칭찬은 몰아서 하는 것보다 자주 하는 것이 효과가 크다.

잘해야 한다는 강박증이 큰 아이

　부모님의 기대가 큰 아이들은 강박에 빠질 수 있다. 말을 할 때도 부모님의 눈치를 보는 아이들이 있다. 이런 유형의 아이를 방치하면 빠른 성과를 보이고 싶어 대충 공부하는 스타일이 된다. 자기 실력을 믿지 못 하거나, 심한 경우 못할 것 같을 때 그럴 듯한 핑계를 댄다. 관심을 받고 싶어서 작은 거짓말로 합리화하는 경우도 있다. 아이의 실력을 부모가 눈치채기 힘든 스타일이다. 처음부터 세심한 관리가 필요하다.

　이런 유형의 아이에게는 '했어? 안 했어?'라는 단답형 질문이 아니라, 어디까지 무엇을 했는지 페이지까지 자세히 기록하게 하는 것이 좋다. 계획표도 진도로 짜는 것이 아니라, 시간으로 짜야 한다. 예를 들어 학원 수학 숙제를 1시간 한다면, 그전에 끝났어도 1시간을 채워야 한다. 나머지 시간은 복습으로 오답 노트, 미리 다음 단원 예습, 그마저도 다 했으면, 문제집 한 권을 더 풀도록 한다. 그래야 과제를 빨리 해 치우고 다음 학습을 하는 것이 아니라, 깊이 있는 공부를 할 마음가짐이 생긴다. 또한 싫증을 잘 내는 스타일이기 때문에 이 과목, 저 과목 책상에 벌려놓고 공부한다. 이는 집중도를 낮추기 때문에 정해진 시간 동안 한 과목씩 하도록 지도해야 한다. 부모가 마음이 급해지면 안 된다. 다 못해도 괜찮으니, 주어진 시간 동안 몰입해 깊이 있게 공부할 수 있도록 습관을 들여줘야 한다.

지나치게 자신을 과신하는 아이

평소 공부를 잘하고 성적이 좋은 아이는 자신의 실력을 과신할 수 있다. 이런 아이들은 시험이 쉬우리라 생각하고 준비를 소홀히 하다가, 결국 좋은 성적을 받지 못하는 경우가 생긴다. 자신이 평소에 잘 했기 때문에 시험도 잘 볼 것이라고 확신하지만, 실제로는 시험에 대한 충분한 준비가 부족한 상태다. 이러한 아이들에게는 시험 전날까지도 꾸준히 준비하고 복습하는 습관을 길러줘야 한다. 또한, 너무 자신을 과신하지 말고, 겸손한 자세로 시험에 임하도록 지도해야 한다.

집중력이 약한 아이

평소에 공부할 때는 집중력이 좋지만, 시험장에서는 쉽게 집중력을 잃어버리는 아이들도 있다. 이런 아이들은 시험 환경에서 긴장하거나, 주변 소음이나 다른 학생들의 움직임에 쉽게 산만해지기도 한다. 이런 유형의 아이에겐 시험 환경을 최대한 모의고사와 유사하게 만들어 주거나, 집에서 시험을 보는 연습을 하도록 도와주는 것이 좋다. 또한 시험 시간 동안 집중력을 유지할 수 있도록, 짧은 휴식을 취하며 공부하는 습관을 길러주는 것도 도움이 된다.

결과가 중요할까? 아니면 과정이 중요할까? 둘 다 중요하다. 하지만 보통 부모들은 시험 결과만 보고 아이를 혼낸다. 올바른 교육으로 이끌려면, 결과보다는 과정을 먼저 잡아야 한다. 그래야 좋은 결과를 얻을 확률이 높아진다. 초등학교 때 아이들이 시험을 스트레스로 받아들이는 이유는 좋지 않은 결과가 나왔을 때, 주변 사람들이나 혹은 부모로부터 부정적인 영향을 받았기 때문이다. 시험을 결과가 아닌 '경험'으로 받아들이고, 현재 아이의 공부 위치를 파악하기 위한 '학습 자료'로 활용해 보자.

5-6 어떤 순서로 공부할까?

분명 같은 시간을 공부해도 아이들마다 실력과 성과는 다르게 나온다. 성과는 공부 시간을 얼마나 효율적으로 사용하는지에 달려 있다. 시간을 효율적으로 사용하는 방법은 분명히 있다. 다음은 공부 실력을 늘리기 위해 효율적으로 공부하는 방법들이다.

효율성을 높인다

사람마다 하루에 쓸 수 있는 에너지는 한정되어 있다. 정해진 에너지와 시간을 어떻게 효율적으로 쓸지 고민해야 한다. 예를 들면 하루 단위로 목표와 계획을 명확히 세우고, 우선순위를 정해야 한다. 하기 싫은 과목부터 시작하는 것이 좋다. 이때 중요한 것은 시간을 정해놓고, 정해진 범위를 다 못해도 끝내는 것이다. 실제로 시험 기간에 수학 공부를 하기 싫어하는 학생이 하루 1시간씩 꾸준히 수학 문제를 풀었더니, 성적이 크게 오른 경우가 있다.

하기 싫은 과목 공부가 끝났다면, 이제 자신 있고 좋아하는 과목을 공부한다. 이때는 시간을 한정 짓지 말고, 범위를 정해 계획을 짜야 한다. 예를 들어 영어를 좋아하는 학생은 하루 2시간씩 영어 공부를 하면서 독해 실력을 향상시킨다.

집중할 수 있는 환경 조성도 중요하다. 공부할 때 방해 받지 않고 집중할 수 있는 환경을 만들기 위해 전자기기 사용을 최소화하고, 조용한 공간에서 공부하는 것이 좋다. 스마트폰은 무음으로 해서 다른 곳에 두는 것이 좋다. 필자가 가르친 한 학생은 스마트폰을 다른 방에 두고 공부한 덕분에 집중력이 크게 향상되기도 했다.

휴식도 중요하다. 보통 1시간 공부하고, 10분 쉬는 것이 적당하다. 알람시계를 이용해서 시작과 끝을 알리면 좋다. 스마트폰은 사용하지 않고, 스트레칭이나 간식을 먹으며 쉬는 것이 좋다. 예를 들어 한 학생은 1시간 공부 후 10분씩 스트레칭을 하면서 체력과 집중력을 모두 유지할 수 있었다.

복습도 중요하다. 과목을 시작할 때, 항상 그 전 시간에 학습했던 부분을 복습하는 시간을 가져야 한다. 과목에 따라 다르겠지만, 10분 정도가 적당하다. 예를 들어 한 학생은 매일 아침 10분씩 전날 배운 내용을 복습하면서 학습 효율을 높였다.

양을 늘린다

초등 과정은 산에 묘목을 심는 단계이다. 고루고루 간격을 맞춰 균형 있게 묘목을 심어야 한다. 묘목 수량이 부족하면 안 된다. 최소한의 공부량을 지켜야 한다. 초등학생은 하루 1시간씩 꾸준히 공부하면 성적은 당연히 오를 수밖에 없다. 성적이 오르지 않는다면, 최소 공부량이 부족하거나 공부량을 늘려야 할 때가 된 것이다. 초등생 기준으로 1시간 공부했을 때 할 수 있는 진도 나간 양을 한 달 동안 확인하고, 다이어리에 적는다. 한 달간의 진도 나간 양을 보면 평균이 나올 것이다. 이 평균이 학습량의 기준이 된다.

학습문화를 바꾼다

개인의 성향과 상황에 따라 앞선 두 가지 방식이 맞지 않을 수 있다. 예를 들어 좋아하는 과목을 먼저 해결하면 더 즐겁게 공부할 수 있고, 긍정적인 에너지를 얻어 다른 과목에도 긍정적으로 접근할 수 있다. 어떤 학생은 영어를 좋아해서 영어를 먼저 공부한 후 다른 과목도 긍정적인 태도로 공부하기도 했다.

싫어하는 일을 먼저 해결하면 뒤에 나오는 일들도 더 쉽게 다룰 수 있다고 느낄 수 있다. 중요한 것은 실천해보고 맞는지 확인하는 것이다. 기준점이 생기면 조금씩 변화를 주면서 바꿔보아야 한다. 아이의 특성에 맞춘 지속적인 학습 방법의 최적화가 아이를 발전하게 한다.

자기 주도적인 학습을 해본다

자기 주도 학습을 잘못 이해하는 경우가 많다. 부모가 간섭 없이 아이 스스로 하는 것이 자기 주도 학습이라 생각한다. 아이가 자신만의 학습 설계가 어느 정도 만들어졌다면, 실천하고 수정하는 시간이 필요하다. 이 과정이 자기 주도 학습의 첫 단계이다. 두 번째 단계는 수정된 학습법을 실행해 자신만의 루틴으로 만드는 것이다. 마지막 세 번째 단계는 자신에게 엄격해지는 것이다. 이 과정은 가족의 노력이 필요하다. 예를 들어 한 학생은 부모의 도움을 받아 학습 계획을 세운 후, 스스로 실천하고 수정하는 과정을 통해 자기 주도 학습 능력을 키운다. 학습이 루틴이 되면 학습 효율을 높일 수 있다.

결국 어떤 순서로 공부하는 것이 효율적인지에 대해서 일률적으로 답하기 어렵다. 개인의 성향, 상황, 목표에 따라 다르게 적용될 수 있기 때문이다. 중요한 것은 다양한 방법을 시도해 보고, 그 과정에서 자신의 학습 스타일에 가장 잘 맞는 방식을 찾아내는 것이다.

또한 실패를 두려워하지 않고, 끊임없이 시도하고 수정하는 자세도 중요하다. 학습은 단순히 지식을 쌓는 과정이 아니라, 자기 자신을 이해하고 성장시키는 과정이다. 예를 들어, 새로운 공부 방법을 시도해 보고 효과가 없으면, 다른 방법을 찾아 시도해야 한다. 여러 방법을 비교하고 자신에게 맞는 최적의 방법을 찾는 것이 중요하다.

결국 학습 과정에서 얻은 작은 성공과 실패 경험들을 통해서 자신만의 최적의 공부 방법을 찾아가는 것이 진정한 학습 능력 향상의 열쇠이다. 이 과정에서 인내와 꾸준함을 잃지 않는다면, 누구나 자신의 목표에 도달할 수 있다. 매일 일정 시간을 정해 다양한 공부 방법을 실험해 보거나, 학습 일지를 작성하여 자신의 진전을 기록하는 것도 좋은 방법이다.

5-7 현실과 시행착오, 공부의 목적

예전에 부모님들이 우리를 교육할 때보다, 현재 우리가 자녀를 교육하는 것이 더 어렵지 않은가? 필자는 그렇게 느끼는 것이 맞다고 생각한다. 우리 어린 시절에는 맞벌이가 적어서 엄마와 함께 지내는 시간이 많았다. 그래서 아이를 관찰하고 대화할 시간적 여유가 있었다.

지금은 아이들이 생각할 틈도 없이 자라고 있다. 부모는 아이들이 중간에 빈 시간이 생기지 않도록 시간표를 짜야 한다고 생각하는 것 같다. 음식을 입에 넣기만 하고 씹고 소화할 시간을 주지 않으면 탈이 나듯이, 집에서 배운 내용을 돌아볼 시간도 필요하다. 대부분의 부모는 아이가 자기 주도 학습을 못 할 것으로 생각해서 불안해 한다. 스스로 학습할 수 있도록 유도하기 위해서는 공부하는 목적을 명확히 세워야 한다.

학원정보지 '앤써통 2023년 12월호'에서 대학생 484명을 대상으로 '전공 선택을 후회한 적이 있냐?'는 설문에서 72.2%가 '후회한 적 있다'고 응답했다. 후회하는 이유로는 '생각했던 것과 달라서'(42.3%)가 가장 많았고, '적성과 맞지 않아서'(30.7%), '학과 취업률이 낮아서'(25.3%), '성적에 맞춰 지원했던 거라서'(21.3%), '기업이 선호하지 않는 학과라서'(17.5%)가 뒤를 이었다. 다른 설문조사에서는 대학에서도 '내가 무엇을 잘 할 수 있는지 모르겠다.'는 대답이 절반을 넘는 통계 결과도 있었다.

초등학교 6년, 중고등학교 6년, 총 12년을 공부해서 대학에 들어 갔는데, 자신이 공부하는 이유도 모르고. 대학을 다니는 이유도 모른다. 지금까지 공부하는 이유와 목적이 없었던 것이다. 우리 부모 세대까지만 해도 우리는 꿈을 만들지 않아도 자라면서 꿈을 찾고 만들어 나갈 수 있는 시간적, 환경적 여유가 있었다. 뭔가 한 가지를 열심히 노력하고 꾸준히 계속하면, 먹고 살고 성공할 수 있었다. 하지만 지금은 시대가 바뀌었다. 단순 반복 노동은 AI가 대체할 것이고, 우리는 AI 위에서 군림할 창의적 인간이 될 것인지 아니면, AI의 기계 부속품을 갈아줄 노동자가 될 것인지의 갈림길에 서게 될 것이다. 자신만의 장점과 특성을 하루라도 빨리 파악하고 개발해서 발전시켜 나가야 한다. 공부하는 이유와 목적은 이를 위한 초석을 다지는 작업이다. 목적이 없으면, 아이가 대학 졸업할 때 무서운 이야기를 할 것이다. '나 아빠, 엄마랑 평생 함께 살래!' 정신이 번쩍 들지 않는가?

지원이(가명)를 처음 만난 건, 고1 중간고사가 막 끝난 시기였다. 항상 중위권 성적으로 공부에 대한 막연함과 중구난방식 공부 방법 때문에 스트레스와 걱정에 시달리던 학생이었다. 상담해 보니 미래 직업에 대한 꿈과 목표 없이도 열심히 하다 보면 공부를 잘하게 되고, 좋은 대학에 들어가서 좋은 직장을 얻을 것으로 생각하고 있었다.

다행히 성실한 친구라 중학교 때까진 상위권을 유지했는데, 고등학교에 들어가자마자 성적이 뚝 떨어져서 불안해 하며, 초조해했다. 필자는 그 학생이 심성도 여리고, 남을 돕는 것을 좋아하는 아이라는 걸 파악했다. 그래서 교육학과나 간호학과 쪽으로 방향을 잡아주었다. 동아리 모임과 독서와 봉사활동을 계속할 수 있도록 지도했다. 본인도 자신의 기질을 파악하고 공부의 목적이 잡히자, 초조함이 사라지고 자신감을 회복하면서 심지가 단단해졌다. 무엇보다 어머니가 간호사라서 직업의 장단점을 자연스럽게 알고 있었고, 소명의식도 심어줄 수 있었다. 이 아이는 경인교육대학교 초등교육과, 중앙대학교 간호학과, 경희대학교 간호학과, 서울대학교 간호학과에 복수 합격하였다. 결국 서울대 간호학과를 최종 선택해 지금은 혜화에 있는 서울대 병원에서 근무하고 있다.

못다 한 이야기,
우리는 학습 설계자이다

자녀 교육은 시행착오를 겪으면 안 된다. 그럼에도 대부분의 부모는 결혼 전이나 후에 부모 교육을 받지 못했다. 그래서 자녀 교육을 매우 어렵게 느끼거나, 또는 너무 쉽게 생각한다. 때로는 누군가 자신의 역할을 대신해 주었으면 한다. 고작 할 수 있는 것이 자신의 부모가 했던 방식이나 또는 그 반대로 교육시키기도 한다.

중요한 점은 인생이 학습으로 이루어져 있다는 사실이다. "저는 아버지 학교를 세 번이나 수료했습니다."라는 말에 놀라는 학부모도 있지만, 이 자리를 빌어 말한다. "필자도 그만큼 힘들었다." 그 과정에서 겸손해지게 되었고, 새로운 관점에서 세상을 바라보는 법을 배웠다.

자녀 학습 설계에서 기억해야 할 몇 가지 중요한 조언이 있다.
큰 줄기를 잡고 가면 된다.
사소한 문제에 신경 쓰지 말자!
큰 줄기를 잡으면, 사소한 문제는 저절로 해결된다.

큰 줄기는 우리 아이가 대학을 졸업한 뒤에 어떤 일을 하며 먹고 살 것인지를 계획하는 것이다. 위로부터 한 단계씩 내려오면 된다. 다음 단계인 대학에서는 학교보다 학과가 중요하다. 고등학교 1학년 입학 후 첫 담임 선생님과의 상담에서 학과 선택에 대해 망설임 없이 말할 수 있어야 한다. 이를 위해 중학교 때 다양한 체험과 독서를 통해 자신이 잘 하는 것을 찾아야 한다.

여기서 중요한 질문이 있다. 잘 하는 것을 어떻게 찾을까? 비밀 하나를 알려주겠다. "잘 하면 좋아하게 된다." 좋아하는 것을 먼저 찾으려 하면 때와 상황에 따라 끊임없이 바뀌고, 결국 찾지 못해 지치게 된다. 잘 하게 되려면, 어떻게 해야 할까? 다양한 활동을 체험하게 하고 일정 기간 이상 꾸준히 노력해서 중간 이상의 실력을 갖출 수 있도록 도와줘야 한다. 조금 하다가 그만둔다면, 흥미를 느낄 시간을 가질 수 없다. 다시 말하지만, "잘 해야 좋아지게 된다." 학습도 마찬가지다.

필자가 상담 시 가장 많이 듣는 이야기가 "좋은 방법인 건 알겠는데……."이다. '좋은 건 알겠는데, 힘들고 너무 시간이 오래 걸리니, 빠른 방법을 알려 달라!'는 말이 숨어있다. 인간의 머리에 USB 저장장치를 꽂아 지식을 주입할 수 있는 시대가 오기 전까지는 그런 방법은 없다. 잘 할 수 있도록, 그 분야의 재미를 느끼고 알 수 있게 되기까지는 최소 6개월 이상의 노력이 필요하다.

계획을 세울 때 우선순위를 정하자.

〈급한 일 vs 중요한 일〉

좋은 방법은 많고 해야 할 일도 많다. 모두 하면 좋겠지만, 시간은 한정적이다. 할 일이 많을 때 우왕좌왕하며 시간을 허비했던 기억이 있을 것이다. 해결 방법은 가장 쉬운 일부터 처리해 나가는 것이다. 더 현명한 방법은 급한 일을 먼저 해결하는 것이다. 가장 현명한 방법은 중요한 일을 처리하는 습관을 기르는 것이다.

씨감자를 생각해 보자! 씨감자는 다음 해에 다시 심기 위해 선별된 감자다. 당장 배가 고파서 씨감자를 먹어 버린다면, 어떻게 될까? 씨감자를 선별하는 게 귀찮아서 아무 종자나 심는다면, 어떤 결과가 올까? 내가 재배할 면적보다 더 많은 씨감자를 욕심 내서 창고에 쌓아두면, 어떻게 될까? 이처럼 학습 계획에서 급한 일만 처리하는 것은 씨감자를 먹어버리는 것과 같다. 당장은 문제가 해결된 것처럼 보이겠지만, 미래의 성장을 저해할 수 있다. 중요한 일을 소홀히 하고, 급한 일만 처리하는 것은 아무 종자나 심는 것과 같다. 좋은 결과를 기대하기 어렵다. 또한 할 수 있는 것보다 더 많은 일을 계획하는 것은 씨감자를 너무 많이 쌓아두는 것과 같다. 결국 모두 썩어버릴 수 있다.

따라서 학습 계획을 세울 때는 급한 일보다는 중요한 일을 먼저 처리해야 한다. 중요한 일은 미래의 성공을 위한 투자와 같다. 오늘 시간을 투자하여 중요한 일을 처리하면, 미래의 자신에 큰 도움이 된다.

이제 급한 일과 중요한 일을 나눠 보자! 급한 일은 매일 해야 하는 일이다. 중요한 일은 미래의 나를 위해 투자하는 일이다. 급한 일의 예는 학교와 학원의 숙제, 다음 날 학교 준비물과 교과 가방 준비 등이 있다. 중요한 일은 그날 배운 학습 내용을 복습하는 것과, 독서나 관심 분야를 비롯한 주요 과목에 대한 자기 주도 학습이다.

학습 설계는 단순한 교육이 아닌, 아이들의 평생 학습 습관을 형성하는 중요한 과정이다. 부모와 교사는 아이가 자신만의 학습 스타일을 찾고, 그에 맞는 목표를 설정하며, 이를 꾸준히 실천할 수 있도록 도와주는 역할을 해야 한다.

첫째, 부모는 모범을 보이며, 아이에게 긍정적인 학습 환경을 제공해야 한다. 스마트폰 사용을 자제하는 것처럼, 부모의 행동은 아이에게 큰 영향을 미친다.

둘째, 강요보다는 자율성을 존중하며, 아이가 스스로 목표를 설정하고 이를 달성할 수 있도록 격려해야 한다. 강요는 아이에게 반감을 일으킬 수 있다.

셋째, 꾸준한 반복 학습과 긍정적인 피드백을 통해 아이의 자존감을 높여주어야 한다. 아이들이 작은 성공을 통해 자신감을 얻고, 이를 바탕으로 더 큰 목표에 도전할 수 있도록 돕는 것이 중요하다.

마지막으로, 학습은 즐거워야 한다. 부모와 교사가 함께 책을 읽고, 대화를 나누며, 학습 도구를 함께 고르는 등의 방법으로 학습을 놀이처럼 즐겁게 만들어야 한다.

이러한 노력은 아이들이 학습에 대한 긍정적인 태도를 형성하게 하고, 평생토록 지속할 수 있는 학습 습관을 갖게 한다. 학습 설계자는 아이들의 성장을 돕는 가이드이자, 평생 학습의 기반을 마련하는 중요한 역할을 수행해야 한다.

결론적으로, 자녀 교육은 단순히 학교 성적을 높이는 것이 아니라, 아이들이 평생 동안 학습에 대한 긍정적인 태도를 형성하고 자기 주도적으로 목표를 설정하며 성취해 나가는 능력을 키우는 과정이다. 부모와 교사는 아이의 학습 여정을 지원하며, 긍정적인 학습 환경을 제공하고, 아이가 실패를 통해 배울 수 있도록 격려해야 한다. 아이들이 미래에 성공하고 행복한 삶을 살아가기 위해서는 지금부터 올바른 학습 습관과 태도를 기르는 것이 필수적이다. 자녀 교육에 대한 지속적인 관심과 노력이 아이들의 밝은 미래를 여는 열쇠임을 명심하자! 당장의 성과보다는 아이들이 평생 배움에 즐거움을 느끼며 성장할 수 있도록 돕는 것이 중요하다. 부모와 교사의 역할은 그 어느 때보다 중요해졌다.

아이들이 스스로 문제를 해결하고 창의적으로 사고하며 끊임없이 도전하는 자세를 갖추게 된다면 어떤 환경에서도 성공적으로 자신의 길을 개척할 수 있을 것이다. 자녀 교육의 최종 목표는 자기 주도적 학습 능력을 배양하는 데 있다. 부모와 교사는 아이들의 든든한 지원군이 되어, 그들이 꿈을 이루어 나가는 여정을 함께해야 한다.